EL CINE DE 1921 EN TREINTA PELÍCULAS

FRANCISCO SAULO RODRÍGUEZ
LAJUSTICIA

ÍNDICE

INTRODUCCIÓN Y DEDICATORIA

Muchos son los libros que abordan las mejores películas de la historia del cine en general o de una década o un género en particular. No es tan frecuente, sin embargo, que se haya tomado como referencia un año en concreto. Si siempre existieron las publicaciones periódicas que comentaban con detalle los estrenos que se iban produciendo —y no faltan las revistas de 1921 que lo iban haciendo—, lo cierto es que el estudio más o menos detenido del cine de un determinado año no ha sido una opción por la que se hayan decantado muchos historiadores del séptimo arte.

Considerando que puede afirmarse que en cada año de la historia del cine hay unas cuantas películas que sobresalieron por encima de las demás y que incluso se convirtieron en auténticas obras maestras, algunas de las de 1921 son muy famosas y ciertamente se ha escrito mucho sobre ellas. Ese podría ser el caso, por ejemplo, de *El chico*, *La carreta fantasma*, *Las tres luces* o *Las dos huérfanas*.

No obstante, estos grandes clásicos convivieron con películas de muy alto nivel o que alcanzaron una notable popularidad y que no han recibido la atención que sin ninguna duda merecen. Este libro pretende ser el primero de una colección dedicada a las películas que cumplen un siglo, lo que en esta ocasión corresponde a las que se estrenaron en 1921.

Las treinta películas seleccionadas han sido ordenadas alfabéticamente por su título en español, si lo tienen o si son conocidas de esa manera. En el caso de las que no lo tienen, figuran con su título original. En todos los casos se presenta un argumento ampliamente desarrollado sin desvelar ningún desenlace y sin, como se suele decir habitualmente hoy en día, hacer ningún *spoiler*. Los argumentos se han confeccionado a partir del visionado directo de las películas, ampliando notablemente en muchos casos los detalles sobre los mismos con respecto a las escasas referencias existentes en páginas de Internet o incluso en la bibliografía especializada.

A continuación, se han realizado una serie de comentarios que han pretendido resaltar lo que he considerado más significativo de cada película, contextualizando cada una de ellas y proporcionando algunas referencias bibliográficas que aparecen relacionadas en la parte final.

Por último, en los casos de algunas películas que se basaron en novelas famosas que se pueden encontrar con relativa facilidad traducidas al español tanto en librerías como en bibliotecas, he indicado cuáles son las obras literarias en las que se basaron, haciendo constar una edición facilmente localizable para cualquier persona que esté interesada, independientemente de si se trata de la mejor traducida o no.

He considerado que no tenía sentido incluir las novelas originales o ediciones en otros idiomas de hace más de cien, ciento veinte o hasta ciento cincuenta años si el acceso a las mismas resulta de extrema complejidad como consecuencia de no estar a la venta o de estar excluidas de préstamo por su longevidad.

Por último, quiero dedicar este libro a mi abuelo, Ramón Lajusticia Chueca, que nació el 9 de agosto de 1921 y que, de vivir todavía, este año habría cumplido los cien. Él siempre fue un gran cinéfilo y un espectador habitual del cine del lugar donde vivía, Borja, en la provincia española de Zaragoza. Él fue el que me transmitió la pasión por el cine. Él me hablaba de *El mago de Oz, Lo que el viento se llevó, La diligencia, Duelo de titanes, El árbol del ahorcado, El sargento negro, Rebeca, Doce hombres sin piedad, Los cañones de Navarone...* Este libro no puede ser para otra persona más que para él.

ADVENTURES OF TARZAN

Ficha técnica:

Dirección: Robert F. Hill y Scott Sidney.

Guión: Robert F. Hill y Lillian Valentine, basándose en Edgar Rice Burroughs.

Reparto: Elmo Lincoln, Louise Lorraine, Scott Pembroke, Frank Whitson, Zip Momberg, Lillian Worth, Charles Gay, Charles Inslee, Maceo Bruce Sheffield, Frank Merrill y Joe Martin.

Argumento:

Tarzán (Elmo Lincoln) vive numerosas aventuras para intentar rescatar a Jane (Louise Lorraine), apresada por Rokoff (Frank Whitson), un traficante de marfil que intenta llegar al reino de Opar para apoderarse del oro que contiene. En sus propósitos cuenta con diversos compinches como Gernot (Zip Monberg) o Sheik ben Ali (Charles Gay), personajes muy poco fiables y dispuestos a traicionarse entre sí a la menor ocasión.

Tarzán se ve acompañado en sus andanzas por un mono que no se separa de él (Joe Martín) y por un elefante, viéndose en no pocas ocasiones obligado a luchar contra las fieras que se cruzan en su camino o que los malvados le arrojan en las diferentes trampas que le van preparando. Para salvaguardar la integridad del reino de Opar y evitar el saqueo de los contrabandistas, Tarzán concertará una alianza con la reina La (Lillian Worth), aun cuando esta está enamorada de él y aun cuando odia a Jane por este motivo.

Comentarios:

Con poco más de tres horas de duración, *Adventures of Tarzan* es un serial estructurado en quince episodios de continuidad no muy bien definida en la que Elmo Lincoln, el primer Tarzán de la historia del cine, aprovechó el éxito que habían tenido dos películas precedentes sobre esta historia que él mismo había protagonizado en 1918, si bien la segunda de ella, *The romance of Tarzan*, se encuentra perdida en la actualidad. El resultado es una sucesión casi constante de escenas cargadas de acción en las que la coherencia de la trama argumental es lo de menos, aunque los espectadores de la época pudieron contar también con el estreno en Broadway de la primera representación teatral del personaje creado por Edgar Rice Burroughs.

Con un ritmo trepidante, lo exótico es lo predominante en un serial en el que tan pronto la acción se desarrolla en la más frondosa jungla como, de repente, nos encontramos a Tarzán como nunca lo habríamos imaginado, transitando junto a su inseparable simio por las dunas del desierto a punto de desfallecer ambos por la sed. Un conjunto de escenarios geográficos imposibles es lo que nos ofrece *Adventures of Tarzan*, como si pasar de uno a otro fuera perfectamente posible por su proximidad, aunque, de nuevo, no tiene sentido buscar la verosimilitud en una producción que solo busca el más puro entretenimiento, lo que consigue de sobras.

Los personajes no pueden estar más estereotipados, desde la exótica reina La a la que interpreta una atractiva Lillian Worth hasta los tradicionales malvados a ojos de la sociedad norteamericana y que aquí se personifican en un ruso y en un francés, por no hablar del séquito de árabes que también intenta conseguir sus propósitos sin que se termine de tener claro de parte de quién están. Frente a todas estas dificultades, Tarzán se representa como un moderno Hércules que afronta sin ningún problema cuantas pruebas y dificultades se le presentan.

Es interesante añadir que en esta versión no aparece la mona Chita, de la misma manera que tampoco lo hacía en ninguna de las novelas de Edgar Rice Burroughs. Esta fue una creación de la archiconocida película *Tarzán de los monos* (1932), que interpretaron Johnny Weismuller y Maureen O´Sullivan, lo que no quita para que sí intervenga el que entonces era uno de los orangutanes más famosos de la historia del cine, cuya aparición vuelve a repetirse entre las películas que figuran en este libro en *Chiquilín no tiene enmienda*.

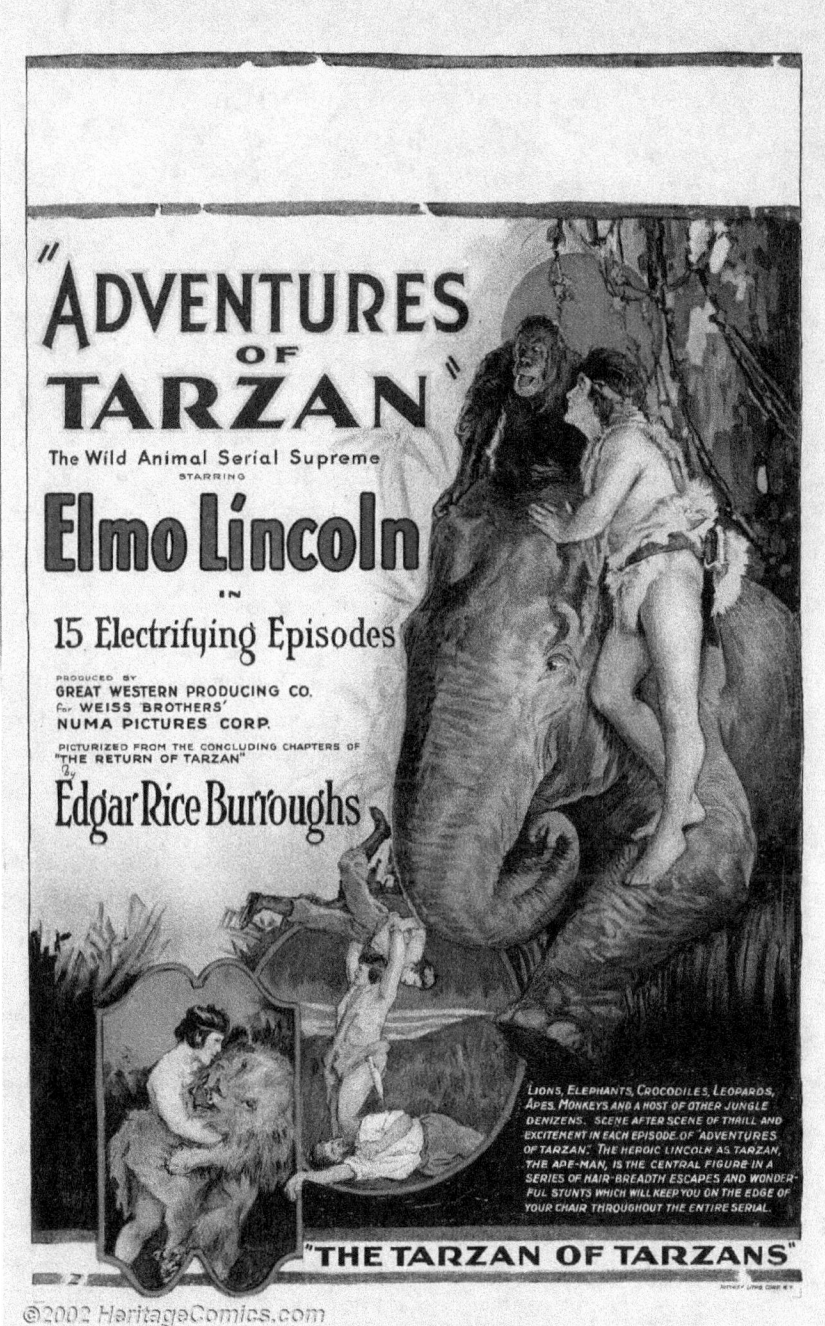

AS DE CORAZONES
The ace of hearts

Ficha técnica:

Dirección: Wallace Worsley.

Guión: Gouverneur Morris IV y Ruth Wightman, basándose en el primero.

Reparto: Lon Chaney, Leatrice Joy, John Bowers, Hardee Kirkland, Raymond Hatton, Edwin Wallock, Roy Laidlaw y Cullen Landis.

Argumento:

Una sociedad secreta se dedica a planear los asesinatos de aquellos que consideran que han vivido demasiado o que se han convertido en personas crueles que no reportan ningún beneficio a la sociedad. Una vez se ha elegido a la víctima, quién será su asesino se elige de forma completamente azarosa, siendo designado aquel que saca el as de corazones de la baraja.

Forrest (John Bowers) es un camarero que saca la carta y que, por ello, recibe el encargo de asesinar con una bomba a una persona que acude frecuentemente al restaurante en el que trabaja y que siempre se sienta en la misma mesa. Enamorado de Lilith (Leatrice Joy), esta, plenamente concienciada con la causa, le ofrece casarse con él si cree que ello le va a ayudar a tener más valor para afrontar su misión. Esto sume en la tristeza y en la desesperación a Farallone (Lon Chaney), también muy enamorado de ella.

Después de que Lilith y Forrester pasen la noche juntos, ella intenta convencerle de que no cometa el asesinato tras haber sentido cómo el amor es un sentimiento más poderoso que cualquier otro. Forrester se niega a escucharla, convencido de que debe demostrarle su valor y temeroso además de las represalias que pueda sufrir si no lleva a cabo su cometido. Dispuesto a ello aunque con muchas dudas dentro de sí, parte hacia el restaurante con el objetivo de esconder la bomba bajo la mesa en la que siempre come la futura víctima.

Comentarios:

Una película menor si la comparamos con otras de la filmografía de Lon Chaney, su director, Wallace Worsley, nos presenta una historia extremadamente simple, sin grandes complicaciones argumentales y muy sencilla de seguir.

El protagonismo de Chaney es bastante reducido en comparación con el de la pareja protagonista, si bien en la parte final de la película adquiere una importancia capital para la trama. Con todo, su enorme talento interpretativo se pone una vez más de manifiesto como el gran sufridor que debe presenciar cómo su amada va a casarse con otro hombre simplemente porque fue él el que sacó el as de corazones y ello le convirtió en el brazo ejecutor. Sus primeros planos donde se le ve llorar o las escenas en las que él pasa la noche en la calle mientras los dos novios ya se han casado y mientras diluvia sobre su figura convierten su papel en algo que deriva del más profundo patetismo hasta la de un héroe con el que se identifica el espectador.

Pese a esto, el mayor acierto posiblemente de la película se encuentra en las escenas del restaurante, especialmente a partir del momento en que la persona que va a ser asesinada —de la que no se nos cuenta nada ni se nos dice su nombre— ya se ha sentado, la bomba está escondida, una joven pareja de enamorados se acaricia en la mesa de al lado y Forrester permanece al lado de quien debe ser su víctima esperando a tomar la comanda mientras el tiempo para la explosión se reduce. La sucesión de planos entre todos los elementos que se combinan en esta escena constituye un ejemplo sobresaliente del suspense que de manera tan magistral desarrollaría Alfred Hitchcock muy poco tiempo después, especialmente en *Sabotaje* (1936) cuando un niño transporta un paquete que contiene una bomba de relojería y le suceden mil contratiempos que provocan la constante inquietud del espectador por lo que pueda pasar.

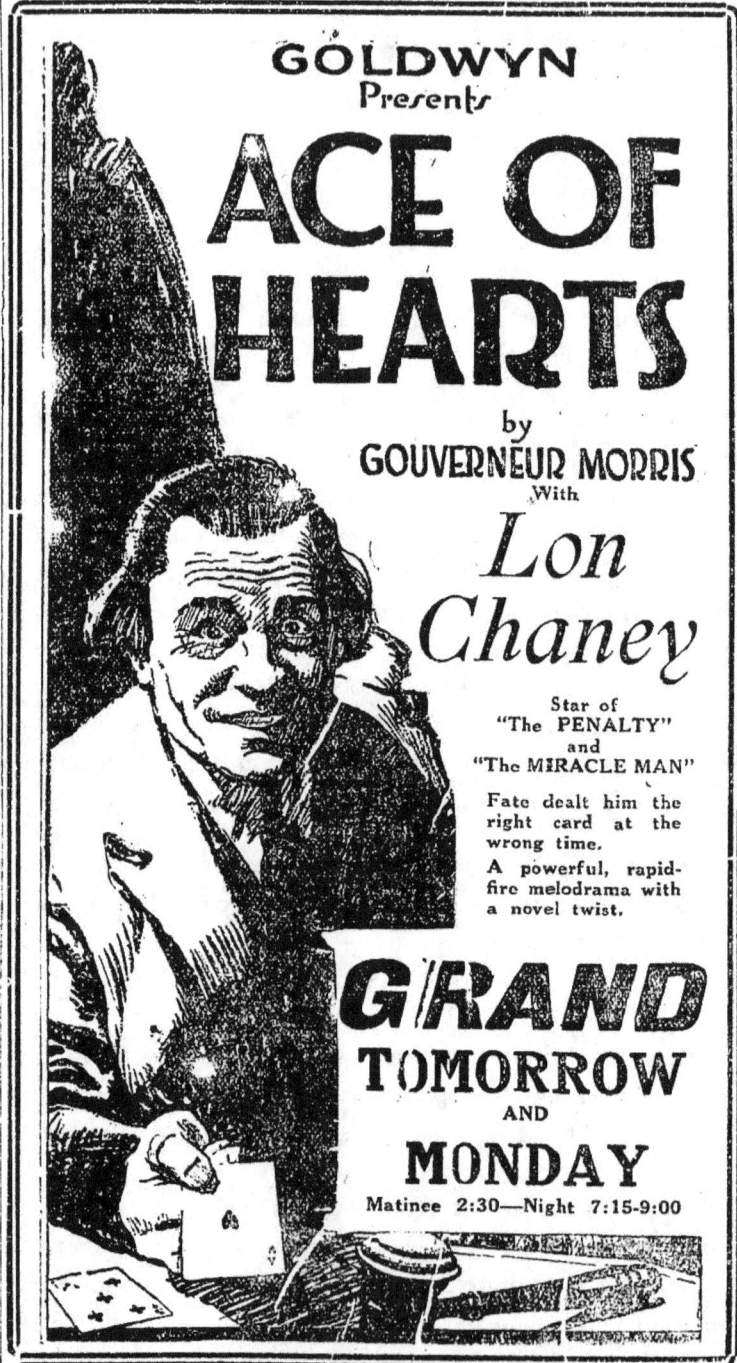

ATLÁNTIDA, LA
L'Atlantide

Ficha técnica:

Dirección: Jacques Feyder.

Guión: Jacques Feyder, basándose en Pierre Benoit.

Reparto: Jean Angelo, Stacia Napierkowska, Georges Melchior, Marie-Louise Iribe, Abd-el-Kader Ben Ali, Mohamed Ben Noui, Paul Franceschi, André Roanne, René Lorsay.

Argumento:

Un destacamento de militares franceses encuentra convaleciente en medio del desierto al capitán Saint-Avit (Georges Melchior), después de que llevara cierto tiempo desaparecido. Más adelante, cuando se incorpora en un puesto militar en medio del Sáhara, coincide con el teniente Ferrières (René Lorsay), su compañero de promoción y este le hace saber que circula un rumor que acusa a Saint-Avit de haber asesinado a su entonces superior, el capitán Morhange (Jean Angelo).

Saint-Avit relata entonces un viaje que ambos emprendieron varios años atrás buscando los vestigios de las rutas caravaneras que enlazaban el norte de África con Sudán, llegando a descubrir inscripciones grabadas en piedra de palabras griegas en latitudes demasiado meridionales. Una de ellas, que consiste en el nombre de "Antinea", les llamó especialmente la atención. Mientras se encontraban investigando todas estas inscripciones, una emboscada en donde ambos resultan drogados con hachís provoca que despierten en un reino milenario gobernado por Antinea (Stacia Napierkowska), una reina descendiente de los atlantes y que tiene a diversas doncellas a su servicio.

El bibliotecario del lugar (Paul Franceschi) les cuenta que una cincuentena de hombres llegó con anterioridad a aquel lugar, se enamoraron de Antinea, enloquecieron y murieron de amor cuando ella se cansaba de ellos y se negaba a verlos nunca más. Mientras Saint-Avit conoce a la principal sirvienta de la reina, Tanit-Zerga (Marie-Louise Iribe), Antinea fija su objetivo en Morhange, quien se resiste a su labor de seducción, por lo que esta, enojada, intentará provocar un enfrentamiento entre ambos militares y que Saint-Avit asesine a su capitán.

Comentarios:

Basada en una novela de 1919 de Pierre Benoit, un buen conocedor del norte de África y un exaltador del patriotismo francés en sus novelas, Jacques Feyder se sintió irremediablemente atraído por una obra literaria llena de aventuras y de muy ricos matices que proponía un escapismo de la realidad más que necesario después de la Primera Guerra Mundial y, en especial, de las consecuencias especialmente destructivas que este conflicto había tenido para el país.

Considerada por Pierre Boulanger como el origen del cine colonial, desde el punto de vista de la ambientación, la película es absolutamente insuperable, con una acción que, salvo por una escena retrospectiva, se desarrolla íntegramente en el Sáhara y, más concretamente, en el macizo de Ahaggar, combinando a la perfección una primera parte en la que se relata la expedición por el desierto con una segunda que se centra en el mundo de fantasía que representa la Atlántida y que, en esta película, ciertamente tiene más elementos propios del mundo oriental y mesopotámico que de la Grecia clásica.

En el primero de los escenarios, los desfiladeros y las grutas que nos muestra Feyder tienen una belleza insuperable, mientras que en el segundo resulta difícil olvidar la sala de mármol rojo, con importante protagonismo también en la novela, en la que se guardan embalsamados los cadáveres de las víctimas de Antinea.

El exotismo de la situación se recalca con las caracterizaciones y vestimentas de los personajes femeninos y, en especial, de una Antinea que desprende una arrolladora sensualidad que también se debió mucho a la soberbia interpretación de la actriz y bailarina Stacia Napierkowska, a quien Michel Marie inscribió en la tradición de las divas latinas del cine transalpino en oposición a actrices de aspecto inocente y preadolescente como Lillian Gish y Mary Pickford. En el largometraje aparece ataviada con un casco con cornamenta y lo cierto es que llama poderosamente la atención desde el primer momento en que aparece en escena.

Hay que señalar finalmente que esta versión dirigida por Jacques

Feyder sería la primera de cuantas llevaron la Atlántida al cine, existiendo con posterioridad otras entre las que destaca especialmente la producida por Disney en 2001 con el título de *Atlantis: el imperio perdido*, aun cuando no sea de las más valoradas de esta productora y aun cuando nada tenga que ver con la novela de Benoit.

Novela adaptada:

- BENOIT, Pierre, *La Atlántida*, Madrid, Debate, 1984.

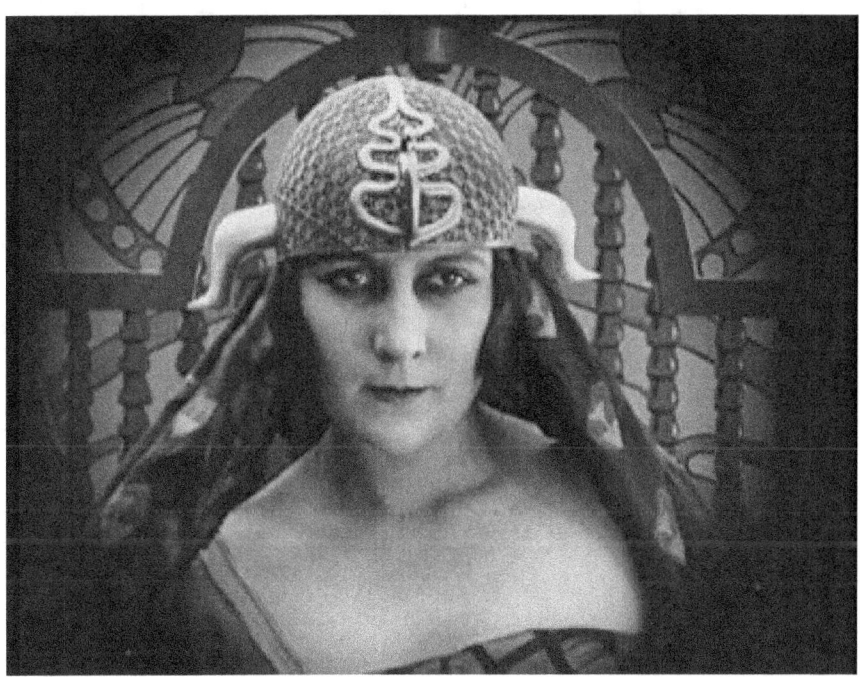

CAÍD, EL
The sheik

Ficha técnica:

Dirección: George Melford.

Guión: Monte M. Katterjohn, basándose en Edith Maude Hull.

Reparto: Rodolfo Valentino, Agnes Ayres, Ruth Miller, George Waggner, Frank Butler, Charles Brinley, Lucien Littlefield, Adolphe Menjou, Walter Long, Natacha Rambova, Loretta Young y Polly Ann Young.

Argumento:

Diana Mayo (Agnes Ayres) es una aristócrata amante de las aventuras y nada conforme con los convencionalismos propios de su clase social que decide conocer el desierto y emprender un viaje por él, acompañada por su hermano Aubrey (Frank Butler). Allí ve cómo Ahmed Ben Hassan (Rodolfo Valentino), un famoso jeque, entra en un casino al que solo pueden acceder los musulmanes. Indignada por esta restricción, se cuela en él hasta que Ahmed la descubre y la expulsa de allí sintiéndose al mismo tiempo bastante atraído por ella.

Cuando ella deja el hotel para seguir su viaje, Ahmed la secuestra y la lleva a su harén, donde Diana verá cómo el jeque está comprometido con Zilah (Ruth Miller), una mujer a la que ella ha comprado siguiendo las costumbres de sus antepasados. La repulsión que Diana siente por Ahmed es total y él la trata como si fuera una más, haciéndola vestir con ropas árabes.

Un día llega al campamento donde están instalados un novelista francés, Raoul de St. Hubert (Adolphe Menjou), gran amigo de Ahmed desde su infancia, que le hace ver lo incorrecto de su comportamiento con ella. Ahmed, temeroso de perderla, irá cambiando su actitud dominadora hacia ella a la par que Diana, gracias a la comprensión que encuentra en Raoul, empezará a darse cuenta que está enamorada de Ahmed, algo que le quedará totalmente claro cuando sea secuestrada por un clan rival liderado por el bandido Omair (Walter Long) y Ahmed acuda desesperado a su rescate.

Comentarios:

El caíd es una película basada en la ya de por sí muy famosa novela de Edith Maude Hull publicada en 1919, titulada *El árabe* y convertida en un éxito internacional de ventas en 1921 y 1922. El hecho de que ese mismo año fuera llevada al cine por la Paramount contribuyó sin duda a engrandecer la fama de esta historia y encumbró a su protagonista masculino, Rodolfo Valentino, como uno de los grandes seductores de la década hasta su temprana muerte apenas cinco años después, lo que no quiere decir que, como señala Philip Kemp, no fuera menospreciada por la crítica. De alguna forma, la popularidad que alcanzó *El caíd* sigue perdurando en la no poca cantidad de estudios y análisis que todavía se le siguen dedicando.

En sentido estricto y pese a esta fama, *El caíd* no es ninguna obra maestra y examinando el largometraje desde una perspectiva actual, está llena de prejuicios y convencionalismos que entonces quizá no lo eran pero que a día de hoy resultan incluso ridículos y trasnochados: por un lado, la superioridad de la cultura occidental se deja muy clara al presentar a Ahmed ben Hassan como alguien procedente de un universo salvaje que secuestra mujeres y las vende en el mercado como si esta fuera la práctica habitual en el mundo islámico; por otro, Diana se avergüenza cuando va vestida con ropas árabes, dando a entender que se trata de una humillación para alguien que procede de la cultura europea, convirtiéndose a partir de este punto en, como afirmaba Ella Shohat, en el elemento civilizador del film; por otro, se produce una exaltación general de lo exótico y se plantea la vida en el desierto como si no fuera otra cosa más que constantes luchas entre clanes...

Puede concluirse que nos encontramos ante un producto de puro entretenimiento lleno de tópicos que, debido sobre todo al enfoque que se da de Oriente, no puede tomarse en serio más allá de como un reflejo del éxito que tuvieron los productos de escapismo tras los horrores de la Primera Guerra Mundial, al igual que había sucedido con *La Atlántida*.

Dejando a un lado los numerosos clichés que contiene la película, lo cierto es que puede considerarse de las primeras que consagró la figura del *latin lover* que tantas veces veríamos más adelante en el cine, aunque, como señala Nadia Lie, esto se produjo en combinación con la representación que un año antes, en 1920, había hecho Douglas

Fairbanks en *La marca del Zorro*.

No deja de ser muy interesante igualmente encontrar en el reparto a Natacha Rambova, la mujer de Valentino, que aparece realizando un sensual baile, al mismo tiempo que unas jovencísimas niñas llamadas Loretta Young y Polly Ann Young realizan aquí unos de sus primeros papeles antes de convertirse en actrices consagradas en las décadas posteriores.

Puede gustar más o menos, pero no se puede negar el enorme éxito que tuvo esta fórmula, como demuestra con creces el hecho de que cinco años después se rodara una segunda parte, *El hijo del caíd* (1926), bajo la dirección de George Fitzmaurice en la que fue la última película del primer *sex-symbol* oficial de la historia del cine.

Novela adaptada:

- HULL, Edith Maude, *El árabe*, Barcelona, Serrahima y Urpí, 1946.

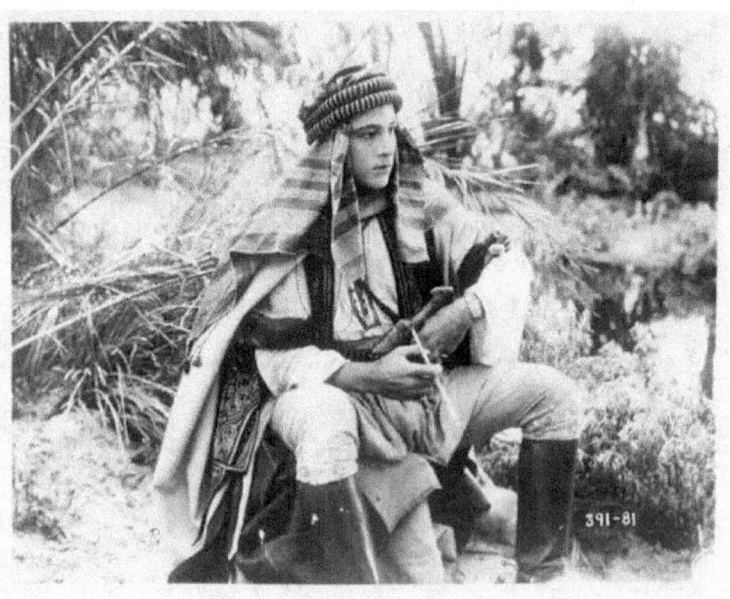

CARRETA FANTASMA, LA
Körkarlen

Ficha técnica:

Dirección: Victor Sjöström.

Guión: Victor Sjöström, basándose en Selma Lagerlöf.

Reparto: Victor Sjöström, Hilda Borgström, Tore Svennberg, Astrid Holm, Concordia Selander, Lisa Lundholm, Tor Weijden, Einar Axelsson, Olof As, Nils Aréhn, Simon Lindstrand, Nils Effors, Algot Gunnarsson, Hildur Lithman y John Ekman.

Argumento:

David Holm (Victor Sjöström) se encuentra ebrio bebiendo en la calle junto a un par de conocidos (Simon Lindstrand y Nils Elffors) veinte minutos antes de que sea Nochevieja. Uno de ellos relata una leyenda según la cual aquel que muera justo cuando suenen las campanadas queda condenado a conducir la carreta de la muerte durante un año, recogiendo las almas de todos los que fallezcan durante este periodo. Cuando se acerca la hora, una reyerta entre los tres se salda con la muerte de David y la carreta se le aparece al haberse convertido él en el designado para llevarla.

Su anterior conductor (Olof As) le hace ver que ha hecho miserables las vidas de todos aquellos que le conocieron, empezando por su hermano (Einar Axelsson) que acabó en prisión, por su mujer (Hilda Borgström) que acabó abandonándole para proteger a sus hijas y, por último, a Edit (Astrid Holm), una enfermera que se encuentra agonizando después de haber intentado salvarle en varias ocasiones y a las que David Holm siempre contestó con desprecios, además de contagiarle la tuberculosis. Horrorizado por su forma de ser, intentará por todos los medios remediar la situación y revertir todos los daños causados.

Comentarios:

Clásico indiscutible de la historia del cine mudo europeo, se trata de la adaptación de una de las novelas más célebres de Selma Lagerlöf, la primera escritora que consiguió ganar un premio Nobel de Literatura y alguien que estaba muy de moda entre los cineastas suecos del momento, como puede verse en esta adaptación de Victor Sjöström o en otros trabajos del no menos conocido por aquel entonces director Mauritz Stiller, quien rodó *La leyenda de Gösta Berling* en 1924.

Estrenada con toda intención el 1 de enero de 1921, siendo este el motivo por el cual muchas publicaciones sitúan la película en 1920, puesto que se rodó íntegramente este año, *La carreta fantasma* tiene dos partes bastante bien diferenciadas y entremezcladas en la trama que se resuelven de forma magistral.

En primer lugar, la historia que se nos va presentando de forma pausada y bien articulada con un personaje, el de David Holm, al que el propio Sjöstrom supo convertir en alguien a quien el espectador va odiando progresivamente. Si al principio no deja de ser alguien con problemas de alcoholismo y con tendencia a armar escándalos como producto de su embriaguez, determinados detalles como que destroce el abrigo que le ha remendado la enfermera para que no pase frío o el hecho de que, amargado con su vida, tosa conscientemente al lado de sus hijas pequeñas sin importarle que estas puedan contagiarse de la tuberculosis acaban provocando en el espectador una gradual sensación de desasosiego que deriva en la repulsa.

En cuanto a las escenas sobrenaturales que podrían encuadrarse dentro del género fantástico, no cabe duda de que nos encontramos ante una de las grandes obras maestras del cine mudo. La carreta, el lánguido caballo que tira de ella y su siniestro conductor que porta una larga capa con capucha y una guadaña se identifica a la perfección con la muerte, aunque en sentido estricto no lo sea. La aparición de la carreta como una sobreimpresión en las escenas de la vida cotidiana alcanzan un considerable grado de maestría desde el punto de vista de los efectos especiales, en especial cuando se la representa avanzando sobre las aguas del mar como paso previo a que su conductor se sumerja hasta el fondo para recuperar el cadáver de un náufrago. El resultado es una omnipresencia de este elemento con una apariencia fantasmagórica más que convincente y en plena armonía con su función.

Por último, hay que señalar que, si el cine convirtió en icónica la imagen de Jack Nicholson derribando con una hacha la puerta del baño en la que se había escondido una aterrorizada Shelley Duval en *El resplandor* (1980), encontramos en esta película un antecedente más que evidente de esa escena cuando Sjöström recurre al mismo instrumento para echar abajo la puerta de la habitación en la que su mujer y sus hijas se han refugiado para evitar que él se acerque a ellas y les contagie la enfermedad.

CASTILLO ENCANTADO, EL
Schloß Vogelöd

Ficha técnica:

Dirección: Friedrich W. Murnau.

Guión: Carl Mayer, basándose en Rudolf Stratz.

Reparto: Arnold Korff, Lulu Kyser-Korff, Lothar Mehnert, Paul Hartmann, Paul Bildt, Olga Tschechowa, Victor Bluetner, Hermann Vallentin, Julius Falkenstein y Robert Leffler.

Argumento:

Un grupo de aristócratas se reúnen en un palacio para ir a cazar, lo que no siempre pueden hacer como consecuencia de las constantes lluvias. Al no poder desarrollar su actividad, comentan los rumores relativos a sus vidas y desaprueban la presencia en el castillo del conde Johann Oetsch (Lothar Mehnert), sospechoso de haber asesinado a su propio hermano pese a que en el juicio fue declarado inocente.

Entre los invitados a la cacería se encuentra también su antigua cuñada, la baronesa Safferstätt (Olga Tschechowa) que, tras el asesinato de su marido, contrajo matrimonio con el barón (Paul Bildt). Cuando se anuncia la visita en el palacio del padre Faramund (Victor Bluetner) procedente de Italia, a donde habían viajado los Oetsch antes de la muerte de él, el actual conde desaparece ante la evidencia de que el religioso conoce los detalles de lo que sucedió en el pasado. Este se entrevista con la baronesa, que le cuenta cómo su marido se había encerrado en un mundo de excesiva contemplación y de alejamiento de todo lo mundano, cómo cada vez estaba menos interesado en ella y cómo ella cree que sí fue su cuñado quien disparó a su marido.

Cuando el fraile está en condiciones de revelar qué es lo que sucedió, desaparece sin dejar rastro, volcando todavía más las sospechas en el conde Oetsch, al que se acusa de haberle hecho algo para impedirle que hable.

Comentarios:

Cuando se examina la filmografía de F. W. Murnau, *El castillo encantado* no es, ni mucho menos, de sus mejores trabajos en tanto en cuanto lo que tenemos es una historia de misterio que tampoco consigue demasiado bien enganchar al espectador, quien llega a sentir momentos de aburrimiento dentro de una trama que no termina de decidirse entre el melodrama o el misterio. Hubo un tiempo, a juzgar por lo que cuenta Lotte H. Eisner, que tan solo se conservaban de esta película copias que habían perdido sus intertítulos —al igual que sucedía con *La luz que mata*, también de 1921 e incluida en este libro—, por lo que la comprensión resultaba difícil en algunos pasajes especialmente farragosos.

Aunque en muchas ocasiones así se ha presentado, lo que sí puede decirse con rotundidad es que, pese a su engañoso título en español, salvo por una breve escena onírica en la que un personaje es arrastrado fuera de la cama por unas largas garras que se han colado por su ventana, la película no pertenece al género de terror ni por su argumento ni por una ambientación que en ningún momento recurre a ninguno de los tópicos habituales.

El expresionismo, tan magistralmente desarrollado en el cine alemán de los años veinte, no es algo que caracterice *El castillo encantado*, en el que no vemos marcados contrastes de luz ni arquitecturas tortuosas, ni mucho menos el extraordinario uso de las sombras que sí se perciben en *La luz que mata*. Lo que vemos constantemente es una obra de teatro que se desarrolla de forma prácticamente íntegra en interiores, actuando la lluvia como algo que funciona de excusa para que los invitados no cacen, pero también para que la cámara casi nunca salga al exterior, de manera que la acción se ve bastante resentida por este planteamiento y acaba convirtiéndose en una película de ritmo bastante lento.

CHICO, EL
The kid

Ficha técnica:

Dirección: Charles Chaplin.

Guión: Charles Chaplin.

Reparto: Charles Chaplin, Jackie Coogan, Edna Purviance, Carl Miller, Albert Austin, Beulah Bains, Nellie Bly Baker, Henry Bergman, Edward Biby, B. F. Blinn, Jack Coogan Sr. y Lita Grey.

Argumento:

Una madre soltera (Edna Purviance) se ve en la tesitura de tener que abandonar a su bebé al no poder sacarlo adelante, dejándolo en el asiento trasero de un coche de una familia acaudalada. Sin que ella lo vea, ese coche es robado y los ladrones, dándose cuenta de que hay un bebé, lo abandonan en un callejón, siendo encontrado por un vagabundo (Charles Chaplin). Aunque su primera reacción consiste en intentar adjudicárselo a otras personas que van andando por la calle, no lo consigue, por lo que decide quedárselo y criarlo como si fuera suyo.

Cinco años después, el niño John (Jackie Coogan) y él se dedican a ganarse la vida para salir de la enorme pobreza en la que viven con ingeniosas estrategias que consisten en que el pequeño rompe los cristales de las ventanas de las casas y, acto seguido, aparece el vagabundo que se ofrece a repararlas. Un día, el niño se mete en una pelea provocada por otro niño de su vecindario y cae enfermo. Cuando el médico se persona para atenderlo, juzga que vive en un entorno que no le es favorable y, cuando descubre que el vagabundo no es el padre, inicia los trámites para quitarle la custodia.

A su vez, la madre, que ha promocionado socialmente y se ha convertido en una mujer rica en estos cinco años, llega a la vecindad y conoce al niño sin sospechar que se trata de su hijo. Cuando lo descubre como consecuencia de que encuentra la nota que ella misma escribió cuando abandonó al niño pidiendo que lo cuidaran y que se ha caído al suelo en el forcejeo para llevarse a la criatura, ofrece una recompensa al que lo encuentre. Mientras tanto, el vagabundo luchará contra todos para evitar que le quiten al niño que ha estado cuidando durante todo este tiempo.

Comentarios:

Uno de los grandes clásicos de la historia del cine, en general como casi todo lo que rodó Chaplin en los años veinte y treinta fundamentalmente, esta historia supone una combinación magistral entre comedia, drama y denuncia social. Por un lado, se trata de una comedia que recurre al ya entonces mítico Charlot y a su indumentaria para crear numerosas situaciones cómicas y gags que entroncan con la idiosincrasia del personaje, tales como su persecución por parte de un policía bigotudo o el altercado en el que el vagabundo se ve implicado con el forzudo hermano mayor del niño con el que se pelea John.

Por el otro, el drama con tintes lacrimógenos lo proporciona la historia en sí, con escenas llenas de ternura de principio a fin entre las que destacan las protagonizadas por ambos y que muestran cómo la pobreza o las condiciones míseras de vida no siempre están reñidas con la felicidad, aunque solo sea de cara a un niño. Los momentos en los que ambos salen corriendo después de que el policía haya descubierto sus pillerías para que el vagabundo intervenga arreglando los cristales, en que ambos comparten la comida dividiéndola exactamente a la mitad en su más que modesta buhardilla o en que el vagabundo persigue por los tejados de la ciudad a la camioneta en la que los servicios sociales se están llevando a su hijo para no perderla de vista y para recuperarlo peleándose con todos son absolutamente insuperables.

Por último, la película es una denuncia social y la muestra evidente de que los felices años veinte tenían en realidad multitud de caras, de entre las que la enorme pobreza en la que vivían amplios sectores de la sociedad americana era una de ellas sin ninguna duda. *El chico* nos enseña la vida callejera, nos hace partícipes de la necesidad constante de aguzar el ingenio para sobrevivir día a día y nos sumerge en la realidad de los albergues en los que debe pagarse para pasar la noche mientras, al mismo tiempo se hace necesario vigilar que el compañero de la cama contigua, preso también de su necesidad, no robe tus pertenencias...aunque ciertamente no fue esto algo exclusivo de esta época y una escena muy similar podemos observarla en *Frenesí* (1972), de Alfred Hitchcock.

Además de todo esto, la película está cargada de una simbología profunda que ha sido estudiada con bastante detenimiento por Victoria Sánchez: la luz que actúa como una metáfora del nacimiento del niño, la presentación del hospital como algo equivalente a una cárcel al mostrarse en un plano general su portal enrejado, la equiparación moral entre la madre que huye abandonando a su hijo y los ladrones que lo secuestran, los papeles del vagabundo, la mujer censora y el policía como elementos típicos de los films burlescos en los que se representan persecuciones...

En definitiva, *El chico* es sin ningún género de dudas una película imprescindible para cualquier amante del cine y una de las obras maestras del cine mudo en general y de su autor en particular, probablemente solo superada por la no menos magistral *La quimera del oro* (1925).

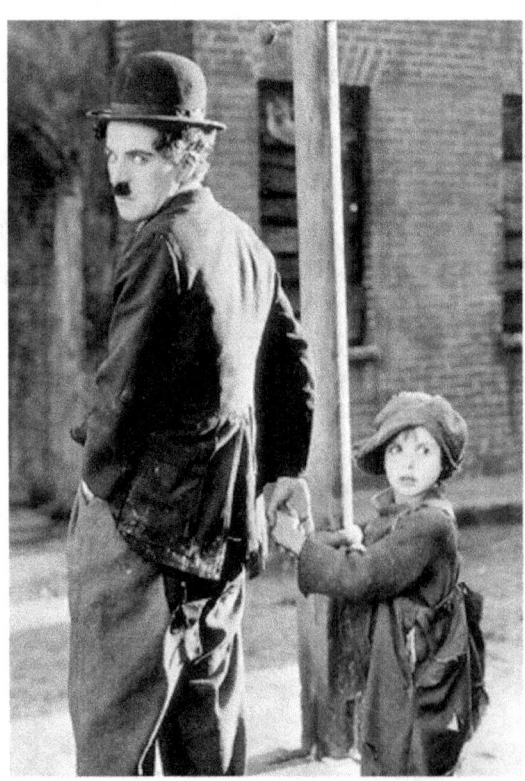

CHIQUILÍN NO TIENE ENMIENDA
Peck's bad boy

Ficha técnica:

Dirección: Sam Wood.

Guión: Sam Wood, basándose en George W. Peck.

Reparto: Jackie Coogan, Wheeler Oakman, Doris May, Raymond Hatton, James Corrigan, Lillian Leighton, Charles Hatton, K. T. Stevens, Dean Riesner y Robert Brower.

Argumento:

Henry Peck (Jackie Coogan) es un niño pequeño enormemente travieso que trae de cabeza a su padre George (James Corrigan) y a su madre (Lillian Leighton), aunque a esta mucho menos porque siempre acaba enternecida por las carantoñas que pone para que le perdonen. Sin separarse de su perro, tan pronto libera a un león de su jaula en el circo como se pega los días en la tienda de comestibles comiendo todo lo que se le antoja cuando cree que el tendero (Raymond Hatton) no le ve.

Un día llega al pueblo el doctor Jack Martin (Wheeler Oakman), que conoce a la familia a través de Letty (Doris May), la hermana mayor de Henry. Ambos sienten una atracción que no termina de manifestarse, si bien Henry se encarga involuntariamente de que estrechen sus lazos cuando sufre una indigestión y provoca que el médico deba visitarlo en su casa.

Tras estar a punto, también como producto de una travesura, de meter a Jack en un lío al esconder en su bolsillo unos planos que correspondían al trabajo de su padre y después de que se sospeche que el médico es el ladrón, Henry aclara lo sucedido no sin manifestar lo conveniente que sería que Jack entrara en la familia.

Comentarios:

La enorme popularidad que adquirió Jackie Coogan por haber trabajado con Charles Chaplin en *El chico* provocó que, de la noche a la mañana, se convirtiera posiblemente en el actor infantil por excelencia de la época. Al contar todavía con siete años, los papeles que interpretaba eran tremendamente enternecedores y era imposible que el público no cayera rendido ante sus actuaciones llenas de inocencia.

Fuera de esto, lo cierto es que las dos películas que realizó el niño en 1921 después de *El chico* no fueron gran cosa. Dejando *My boy* para el hueco que le corresponde más adelante, *Chiquilín no tiene enmienda,* basada en la novela de 1883 *Peck's bad boy and his pa,* no deja de ser más que una sucesión de travesuras y jugarretas en una historia que no tiene tampoco demasiada complejidad ni fundamento, aunque sí que se ve con agrado.

Algunas escenas llegan a repetirse en sus tres películas de 1921 sin apenas variación, como cuando es perseguido y, aprovechando su pequeño cuerpo, se esconde delante o detrás de otro viandante y camina a su mismo ritmo de manera que su perseguidor no se da cuenta de su artimaña y no lo ve. Al igual que *My boy*, esta película no es más que la continuación de una misma fórmula que encasillaría en gran medida al niño durante la década de los veinte, excepción hecha de alguna interpretación de mayor calidad como la del Oliver Twist que protagonizaría en 1922.

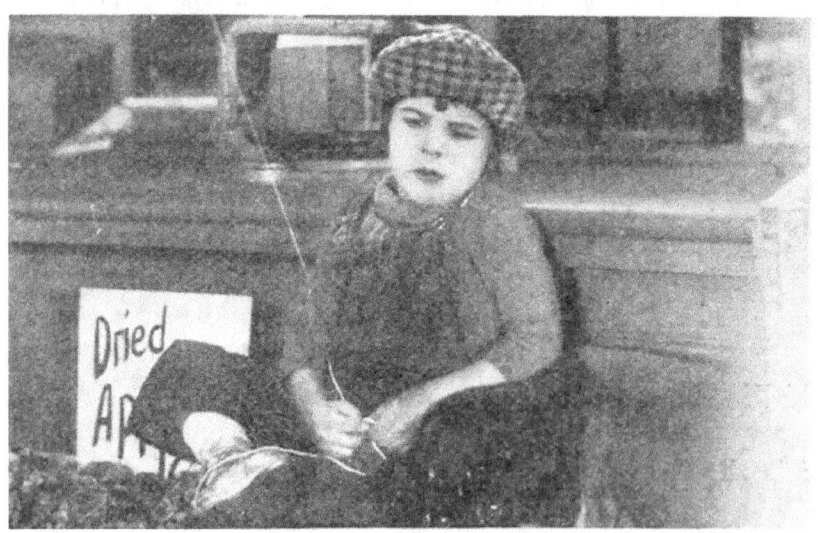

CONFESIÓN DE MISS DOROTHY, LA
Frau Dorothys bekenntnis

Ficha técnica:

Dirección: Michael Curtiz (como Michael Kertesz).

Reparto: Lucy Doraine, Alphons Fryland, Otto Treßler, Kurt von Lessen y Harry De Loon.

Argumento:

Dorothy (Lucy Doraine) asesina a su exmarido. Detenida por la policía y devastada por los acontecimientos, en ningún momento niega lo que sucedió y relata su historia ante el tribunal.

Sobrina de John Carleton, con quien fue a vivir tras la muerte de sus padres, estaba prometida con su novio William cuando fue presa en medio del bosque de una emboscada tendida por varios ladrones que querían asaltarla. Cuando consiguió zafarse de ellos, su caballo se desbocó hasta que fue detenido por el apuesto Harry Harwood, de quien ella se enamoró al instante. Como producto de ello, rompió su compromiso con William y se casó con Harwood.

Este realmente era el líder de la banda de ladrones y solo buscaba apoderarse de la fortuna familiar. Con ayuda de un cómplice y procurándose una coartada, John Carleton murió asesinado y Harwood convenció a Dorothy para que vendiera todas sus propiedades por un millón de libras esterlinas, consiguiendo sus objetivos y dilapidando la fortuna en las apuestas y en los juegos de azar.

A partir de este momento Harwood se distanció de su mujer y William, su viejo novio, reapareció en su vida, por lo que Dorothy se divorció para volver a casarse con él. No contento con el divorcio, Harwood se dedicó a torturar y extorsionar a la pareja hasta que ella decidió acabar con esta situación de forma contundente.

Comentarios:

Una película de gran interés si tenemos en cuenta el hecho de que se trata de una sugestiva muestra del muy poco conocido cine mudo austriaco, lo más relevante y quizá el motivo por el que hoy sabemos de ella es por haber sido dirigida por Mihaly Kertész, posteriormente un Michael Curtiz que firmaría títulos emblemáticos de la historia del cine como *El capitán Blood* (1935), *Robín de los bosques* (1938, con William Keighley) o *Casablanca* (1942).

En poco menos de una hora, Kertész nos ofrece un drama con abundantes toques de lo que luego se llamaría cine negro, con un triángulo amoroso que deriva en una situación trágica y con un desarrollo en forma de *flashback* que sería un recurso muy habitual en muchos largometrajes posteriores de la época dorada de Hollywood. Esa combinación de drama e intriga —porque, en sentido estricto, no se puede hablar todavía de cine negro aunque tenga ingredientes que formarán parte del género— recuerda, en ciertos aspectos, a las que serían las primeras películas que Alfred Hitchcock rodaría en Inglaterra en la década de los años veinte.

Por otra parte, el protagonismo femenino es absoluto. Todos los actores masculinos, aunque importantes dentro de la trama, orbitan en torno a Dorothy, el personaje principal al que Lucy Doraine sabe darle el matiz necesario de sufrimiento capaz de conmover al espectador como la mejor de las heroínas de cualquier novela de las hermanas Brontë. Fuera de ella, el resto de actores son incluso de difícil identificación al no haberse convertido ninguno de ellos en personalidades que trascendieran más allá del cine austriaco.

CORAZONES EN LUCHA
Die Vier um die Frau

Ficha técnica:

Dirección: Fritz Lang.

Guión: Fritz Lang y Thea von Harbou, basándose en Rolf E. Vanloo.

Reparto: Hermann Böttcher, Carola Toelle, Lilli Lohrer, Ludwig Hartau, Anton Edthofer, Robert Foster-Larrinaga, Lisa von Marton, Gottfried Huppertz, Rudolf Klein-Rogge, Harry Frank y Paul Morgan.

Argumento:

Harry Yquem (Ludwig Hartau) es un bróker completamente inmerso en sus negocios que tiene completamente abandonada a su esposa Florence (Carola Toelle). Matrimonio rico gracias a sus negocios en bolsa, ella lleva bastante tiempo desaparecida para el resto de la sociedad y es constantemente animada por su amiga Margot (Lisa von Marton) para que sea infiel a su marido. Florence le cuenta que se casó con Harry aun cuando estaba enamorada de otro hombre, pero no le quiere revelar los motivos por los que se casó con él ni qué sucedió una noche en la que el entonces todavía su prometido la sorprendió en su cuarto acompañada de otro hombre.

Margot, que, aunque está casada, no tiene ningún reparo en ser infiel a su marido al sentirse desatendida por este, tiene una cita con un desconocido que resulta formar parte de una organización criminal que se dedica al robo de joyas de las personas adineradas. Su nombre es William Krafft (Anton Edthofer), hermano gemelo de Werner Krafft, que había sido el gran amor de Florence antes de que se casara con Harry. Sorprendido por esta coincidencia, va a verla a su mansión a la par que el marido se entera de que su mujer se va a ver con otro hombre y acude raudo con intención de matarlo, al mismo tiempo que un chantajista llamado Meunier (Robert Forster-Larrinaga) amenaza a Florence con revelar su secreto.

Comentarios:

Una película sin duda bastante menor dentro de la filmografía de Fritz Lang y muy lejana incluso de la calidad de sus grandes producciones de una década que inauguraría *Las tres luces* en este mismo año de 1921, lo cierto es que *Corazones en lucha* nos ofrece una historia cargada de dramatismo, con tintes de tragedia y una trama argumental tremendamente sobrecargada con infinidad de oscuros personajes llenos de secretos y entre los cuales se establecen relaciones inimaginables.

Si precisamente por este motivo el argumento tiene escasa credibilidad por toda esta acumulación poco convincente de coincidencias en las historias personales de cada personaje, la película se ve enriquecida porque el deseo de sobrecargar la historia añadiendo una trama policiaca, aunque esta sea algo muy secundario en esencia, conecta con uno de los temas más recurrentes de las películas alemanas de Fritz Lang, como fue la existencia y constante acción de las organizaciones criminales en la Alemania del periodo de entreguerras, lo que plasmaría, por ejemplo, en su doctor Mabuse de las tres películas que dirigió sobre este personaje o en su magistral *M, el vampiro de Dusseldorf* (1931).

Por último, aunque se trate de una mera curiosidad en una película que tampoco tiene mucho que comentar, es interesante señalar cómo en un par de ocasiones se enfoca la calle por la que coches y personas transitan y, de fondo pero en letras gigantes que no le pasan desapercibidas al espectador, un cartel señala la entrada de la Decla-Bioscop, una de las principales productoras alemanas del momento, en la cual se rodó esta película así como las primeras que dirigió Fritz Lang.

CUATRO JINETES DEL APOCALIPSIS, LOS
The four horsemen of the Apocalypse

Ficha técnica:

Dirección: Rex Ingram.

Guión: June Mathis, basándose en Vicente Blasco Ibáñez.

Reparto: Rodolfo Valentino, Alice Terry, Pomeroy Cannon, Josef Swickhard, Bridgetta Clark, Virginia Warwick, Alan Hale, Mabel Van Buren, Stuart Holmes, John St. Polis, Mark Fenton, Nigel De Brulier y Wallace Beery.

Argumento:

Madariaga (Pomeroy Cannon) es un poderoso terrateniente con una gran cabaña ganadera en la Argentina de comienzos del siglo XX que tiene dos hijas, Luisa (Bridgetta Clark) y Elena (Mabel Van Buren), casándose la primera de ellas con el francés Marcelo Desnoyers (Josef Swickard) y la segunda con el alemán Karl von Hartrott (Alan Hale). Ambas familias crecen con caracteres muy opuestos: Luisa y Marcelo tienen a dos hijos, Chichí (Virginia Warwick) y Julio (Rodolfo Valentino) que, sobre todo este último, tienen una vida alegre y repleta de ocio y fiestas, mientras que los tres hijos de Elena y Karl se educan en la rígida moralidad que les impone su padre. Esta diferencia de caracteres provoca que crezcan en un ambiente de odio de los unos a los otros.

Cuando muere el patriarca, ambas familias deciden regresar a los países de origen de los maridos, de manera que los Desnoyers se instalan en Francia y los Von Hartrott en Alemania. Marcelo se dedica a despilfarrar el dinero adquiriendo gangas mientras su hijo Julio imparte clases de tango, seduciendo a cuantas alumnas se le antojan e iniciando una relación con Marguerite Laurier (Alice Terry). De repente, estalla la Primera Guerra Mundial y ambas familias trasladan sus viejos rencores al campo de batalla, especialmente cuando un palacio adquirido por Marcelo sea ocupado por los soldados alemanes, al frente de los cuales se encuentra su sobrino Otto (Stuart Holmes).

Comentarios:

Extraordinaria adaptación de la novela de Vicente Blasco Ibáñez, llevada a la pantalla de forma bastante fiel a través de una algo intrincada trama de rivalidades familiares que explotan en el conflicto bélico, poniendo de relieve de forma sobresaliente cómo la guerra no es más que algo tras lo que se esconden multitud de motivaciones que van más allá de los temas estrictamente políticos. Así, a través de dos personajes que habían vivido la guerra franco-prusiana de 1870, la película muestra de forma certera hasta qué punto los odios pueden enquistarse y volver a manifestarse.

En esta historia, al igual que había hecho Blasco Ibáñez en la novela, se adopta un punto de vista que simpatiza más con los franceses que con los alemanes, puesto que una vez que se han separado ambas familias, los Desnoyers son prácticamente los protagonistas absolutos y las grandes víctimas de la destrucción de su patrimonio, mientras que los Von Hartrott siempre aparecen retratados como fríos, excesivamente cuadriculados y desprovistos de cualquier sentimentalismo.

Muchos otros temas de interés se tratan en la película. Mientras los alemanes son unos patriotras partidarios de la guerra y que no se arredran ante ella, los dos Desnoyers figuran como desertores: en primer lugar, Marcelo, cuya emigración a Argentina se produjo huyendo de la guerra franco-prusiana y, en segundo, Julio, que, aunque acaba enrolándose y luchando por un país que no es el suyo de nacimiento, lo hace después de haber visto cómo su amada Marguerite se hace enfermera tras sufrir una crisis de conciencia y pensar que la pareja de amantes no tiene derecho a disfrutar mientras los demás luchan en el campo de batalla.

Una mención especial merece June Mathis, una enorme guionista de los años veinte con casi la misma fama que las estrellas que intervenían en las películas que ella adaptaba. En *Los cuatro jinetes del Apocalipsis* desempeñó un papel fundamental, no solo por la valedora de Blasco Ibáñez en los Estados Unidos, sino también por ser la descubridora de Rodolfo Valentino y la que impuso su protagonismo en esta película.

Por último, aunque sólo sea por diez minutos, este largometraje podría enmarcarse a la perfección dentro del cine fantástico gracias a la parte en la que, recién estallado el conflicto, Tchernoff (Nigel de Brulier), uno de los compañeros de piso con los que vive Julio en París, explica la guerra como producto de la acción de los cuatro jinetes que, según el Apocalipsis, precederán el fin del mundo y estos son presentados uno a uno, emanando del mismo infierno y con el demonio, representado como un monstruo de afilados dientes, de fondo. El recurso a estos personajes que dan título a la película será recurrente, intercalándose planos de los cuatro cabalgando a la par que se producen las escenas bélicas, no tanto de batalla, sino de destrucción.

Novela adaptada:

- BLASCO IBÁÑEZ, Vicente, *Los cuatro jinetes del Apocalipsis*, Madrid, Alianza Editorial, 2008.

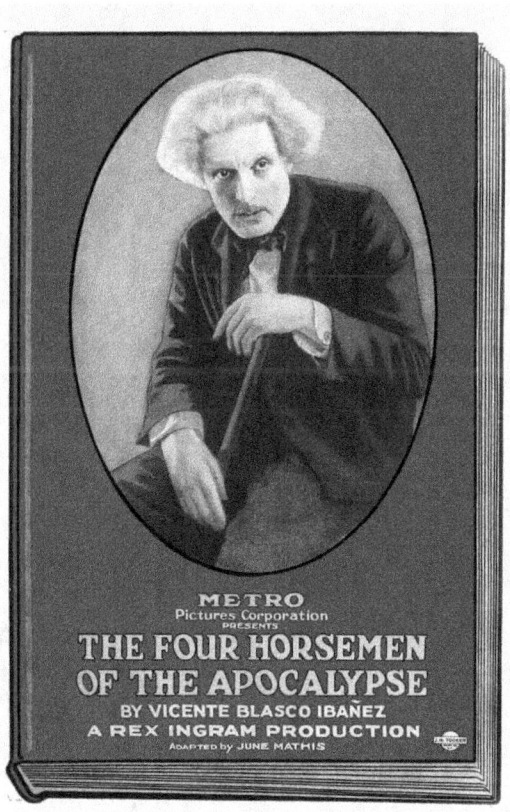

DAMA DE LAS CAMELIAS, LA
Camille

Ficha técnica:

Dirección: Ray C. Smallwood.

Guión: June Mathis, basándose en Alexandre Dumas (hijo).

Reparto: Alla Nazimova, Rodolfo Valentino, Rex Cherryman, Arthur Hoyt, Zeffie Tilbury, Patsy Ruth Miller, Elinor Oliver, William Orlamond, Consuelo Flowerton y Edward Connelly.

Argumento:

Armand Duval (Rudolph Valentino) y Gaston Rieux (Rex Cherryman) son dos amigos que una noche conocen en una fiesta a Marguerite Gautier (Alla Nazimova), sin duda la gran atracción por su esplendor y extravagancias. En un momento de la fiesta en la que se siente indispuesta por un ataque de tos, Armand se le acerca y descubre una persona enormemente frágil y que no le importa a nadie.

Enamorados y con la firme pretensión de salvarla, ambos se van al campo, donde Marguerite se recupera progresivamente de los excesos de su vida anterior. Cuando proyectan casarse, el padre de Armand (William Orlamond) se presenta para pedirle que no se case con su hijo puesto que entiende que es una vergüenza para ellos y porque, si lo hace, su otra hija no podrá casarse con su novio al rechazar éste entrar en una familia en la que hay un miembro con ese pasado.

Tras prometer al padre de Armand que no se casará con su hijo, decide alejarse de él. Este, desesperado y lleno de rabia por el hecho de que Marguerite le haya abandonado, vuelve a una vida llena de vicios con el único propósito de darle celos mientras ella se consume en una gran amargura interior por haber tomado una decisión que va en contra de sus verdaderos sentimientos.

Comentarios:

Muchos son los puntos de interés que tiene *La dama de las camelias*. Si los admiradores de la célebre novela de Alexandre Dumas, hijo pueden sentirse lógicamente defraudados por el hecho de que esta adaptación no se ambiente en el siglo XIX, momento en el que Dumas escribió la novela, su traslado a la época actual constituye igualmente un gran acierto y reviste un velado matiz de denuncia.

La historia de Marguerite Gautier, caracterizada aquí por una de las grandes estrellas del cine mudo tanto dentro de la pantalla como fuera por su vida privada y por el hecho de ser lesbiana, es la historia de tantas estrellas que vivían constantemente de fiesta aunque estuvieran destrozadas por dentro y cada vez más sumergidas en una espiral de autodestrucción que se las acabó llevando por delante a edades muy tempranas.

La participación de Valentino en la película es una nueva muestra del enorme éxito que estaba atravesando este actor en este momento, aunque posiblemente su intervención en *La dama de las camelias* sea uno de los papeles más discretos de cuanto hizo en 1921, en parte también por un protagonismo bastante reducido en comparación con el que tuvo Nazimova. Con todo, está claro que se puede hablar de una película protagonizada por dos estrellas cuasi legendarias.

La labor de Natacha Rambova como directora artística y diseñadora del vestuario es también enormemente digna de mención con unos decorados extraordinarios que, de alguna manera, se encontraban en consonancia con el deseo de esta fascinante bailarina, decoradora, actriz e incluso egiptóloga en contribuir a la introducción del *art decó* en Estados Unidos.

Aunque no se trate de la versión más conocida de la historia de Dumas, quizá por ambientarse en el siglo XX, lo cierto es que se trata de una película que, en su poco más de una hora de duración, se hace demasiado corta y le provoca al espectador ganas de ver más, lo que constituye un mérito y la prueba fehaciente de que una gran historia no necesita obligatoriamente de un gran metraje para demostrar sus virtudes.

Novela adaptada:

- DUMAS, Alexandre, *La dama de las camelias*, Arganda del Rey, EDIMAT, 2007.

DORADO, EL

Ficha técnica:

Dirección: Marcel L'Herbier.

Guión: Marcel L'Herbier.

Reparto: Ève Francis, Jaque Catelain, Marcelle Pradot, Philippe Hériat, Claire Prélia, Georges Paulais, Édith Réal, Max Dhartigny, Émile Saint-Ober, Jeanne Bérangère, Michel Duran y Noémi Seize.

Argumento:

Sibilla (Ève Francis) es una madre soltera que baila en el bar "El Dorado" y que es la estrella del local, mientras en los pisos superiores su hijo se encuentra enfermo en la cama, sin que ella pueda pagar las facturas del médico. Habiéndose quedado embarazada de Estiria (Georges Paulais), un aristócrata rico que no quiere saber nada de ella ni reconocer al hijo de ambos, ella le pide ayuda económica para curarlo, pero él se niega mientras hace planes para casar a su hija Iliana (Marcelle Pradot) con un hidalgo.

Iliana tiene una relación amorosa secreta con Hedwick (Jaque Catelain), un pintor con el que tiene furtivos encuentros en la Alhambra mientras este retrata a Sibilla, que le hace de modelo para poder ganar algo de dinero. Cuando Sibilla descubre que Hedwick se ve con Iliana, sabiendo que esta es hija de Estiria, encierra a la pareja con el objetivo de chantajear de esta manera al aristócrata a fin de que pague la cura médica del hijo común.

Arrepentida por el daño que causa a la pareja y valorando que ellos no le han hecho nada en realidad, decide liberarlos y, tras contarles lo que sucede, Hedwick e Iliana deciden iniciar una vida juntos, pide su mano a su padre y se llevan al hijo de Sibilla a vivir a casa de la madre de él en la sierra, mientras la bailarina queda sola atrapada en su mundo, a punto de ser violada por su compañero Joao (Philippe Hériat) y sin poder ver a su hijo, pero sabiendo que con su decisión lo ha salvado y ha evitado su muerte.

Comentarios:

Salvando lo que pueden ser los estereotipos sobre España como si la visión que se tiene de ella se redujera al baile flamenco —no aparecen en esta ocasión por lo menos corridas de toros— y a cierto grado de exotismo que se ve en un largometraje que no deja de ser la visión que tenía un francés sobre nuestro país, lo cierto es que Marcel L'Herbier consiguió con esta película una ambientación más que digna para una historia pasional y con los previsibles toques trágicos.

Por un lado, el personaje de Sibilla resulta muy impactante en tanto en cuanto es una representación tremendamente amarga de una persona sin esperanzas, sumergida en una espiral de problemas, de autodestrucción y de aniquilamiento de la personalidad que se ve obligada como un autómata a entretener a todos los demás mientras el sufrimiento ante la situación de su hijo enfermo no la abandona y ante la certeza de que el padre nada va a hacer para resolver el problema. Sibilla es la absoluta protagonista de toda una película enteramente construida en torno a su personaje y ante la cual el espectador no puede permanecer indiferente, especialmente al llegar un final que tiene más de real que de feliz.

Por otro lado, la estética de la película resulta impecable con diversas imágenes de Granada y de la Alhambra, espacio este último en el que L'Herbier se recrea como un lugar que nada tiene que ver con el actual monumento y con su habitual saturación de visitantes. La Alhambra que nos muestra el director francés corresponde a una época en la que muchos de estos vestigios de nuestro pasado se encontraban en situaciones que incluso rozaban el abandono. Concebir la Alhambra como un lugar en el que tener furtivos encuentros amorosos sería algo impensable hoy en día.

Siguiendo con el paisaje urbano y con la propia Alhambra, el escenario se adecúa a los sentimientos de los protagonistas, distorsionándose o desenfocándose la imagen en situaciones de tensión o de angustia de los personajes o creándose un muy marcado contraste entre luces y sombras que convierten la arquitectura urbana en el mejor sitio posible para refugiarse, para esconder a alguien o para acecharlo desde la oscuridad, como hace la protagonista cuando quiere encerrar a la pareja de amantes. Sin ninguna duda, las allí filmadas son las escenas más sobresalientes, aunque la película también se rodara en Sevilla.

Tres detalles de interés caben señalarse además sobre esta película:

El primero de ellos es que, según Caroline Evans y Marketa Uhlirova, *El Dorado* fue una de las primeras películas del cine francés en beneficiarse de un acompañamiento musical síncrono que fue desarrollado por la orquesta sinfónica de Marius-François Gaillard.

El segundo, que Iliana está interpretada por la actriz Marcelle Pradot, que dos años más tarde contraería un matrimonio con L'Herbier que duraría hasta que se produjo la muerte de este en 1979.

Por último, que en el minuto 80 de la película aparece un cartel con diversos nombres inventados de artistas y uno de ellos es literalmente "Lolita Sevilla", quien no existía realmente en esta época puesto que la actriz protagonista de *Bienvenido, míster Marshall* (1952) no nació hasta 1935. Aunque no sea quizá muy probable y lo más seguro es que se trate de una simple coincidencia, ¿quién sabe si esta película de L'Herbier no pudo tener cierto peso en la adopción de su nombre artístico?

DOS HUÉRFANAS, LAS
Orphans of the storm

Ficha técnica:

Dirección: David Wark Griffith.

Guión: David Wark Griffith, basándose en Adolphe d'Ennery y Eugène Cormon.

Reparto: Lillian Gish, Dorothy Gish, Joseph Schildkraut, Frank Loose, Katherine Emmet, Morgan Wallace, Lucille La Verne, Sheldon Lewis, Frank Puglia, Creighton Hale, Monte Blue, Sidney Herbert, Lee Kohlmar, Marcia Harris y Louis Wolheim.

Argumento:

Louise (Dorothy Gish) es hija de una condesa y un plebeyo, por lo que es arrancada de los brazos de su madre y abandonada en las puertas de la catedral de Notre-Dame. Cuando el padre de Henriette Girard (Lillian Gish) quiere también abandonarla en el mismo sitio, se da cuenta de la presencia de Louise y, arrepentido, recoge a esta y la lleva a casa. Ambas niñas se crían juntas, pero los padres mueren, Louise contrae una enfermedad y se queda ciega. Por miedo a que esté sola en la vida, Henriette le promete a Louise que nunca se casará hasta que ella recupere la vista.

Un día en el que ambas hermanas se dirigen a París para que Louise se someta a un tratamiento que le permita recuperar la visión, su carruaje es interceptado por el de un marqués que se encapricha de Henriette, ordenando posteriormente su secuestro. Cuando este se produce, ambas hermanas son separadas, quedando Henriette en manos del marqués y Louise recogida por la anciana Frochard (Lucille La Verne) que se aprovecha de su ceguera, la maltrata, la encierra y la obliga a cantar por las calles y a mendigar para obtener así más limosnas.

Henriette será liberada de su situación por el caballero De Vaudrey (Joseph Schildkraut), quien, enamorado de ella, criticará los comportamientos de sus compañeros aristócratas y su falta de sensibilidad ante todos los que pasan hambre. Esto llevará a Henriette a conocer a Danton (Monte Blue) y a Robespierre (Sidney Herbert), quienes, cada uno con sus propias ideas, promoverán la necesidad de levantarse frente a los sectores privilegiados.

Cuando estalla la Revolución Francesa en julio de 1789, el pueblo se apoderará de las calles y comenzará el ajusticiamiento de nobleza y clero, mientras Henriette no cesa de buscar a su hermana. Con la subida al poder de Robespierre, De Vaudrey y Henriette serán detenidos y, gracias a ellos, coincidirá con su hermana que se encuentra presente en su juicio sin que haya podido verla. Ante las injusticias que Danton ve en la política de Robespierre, iniciará un movimiento para derrocarlo, apelar a la justicia y conseguir el indulto de Henriette.

Comentarios:

Las dos huérfanas es una de las consideradas como mejores películas de Griffith junto a *El nacimiento de una nación* (1915), *Intolerancia* (1916) y *Lirios rotos* (1919), rodada en parte, como indica Antonio Rodríguez, para intentar compensar la enorme quiebra financiera que le había provocado la segunda. En ella volvemos a asistir a una grandilocuente puesta en escena para abordar una temática de nuevo histórica, aunque desde su particular punto de vista que no dejaba indiferente a nadie.

Si los sectores más conservadores le acusaron de reflejar en ella la lucha de clases y de retratar a la aristocracia como un grupo desprovisto de sentimientos, al mismo tiempo Griffith también ataca con dureza la fase de radicalización de la revolución, comparándola con los bolcheviques y dejando claro su mensaje de que derrocar regímenes considerados como injustos es comprensible —en todo caso refiriéndose al pasado y no a cuando se realizó la película, puesto que al principio Griffith aclara que en ese momento había buenos políticos—, pero que esos procesos se radicalicen es un grave error que conduce a la anarquía. Es muy sintomática la escena en la que Henriette recorre las calles buscando a su hermana rodeada de una multitud enfervorizada y reconoce horrorizada que no hay ninguna ley en esos momentos.

Por si esto fuera poco, Griffith va más allá en su comparación entre las revoluciones francesa y rusa introduciendo en la ecuación el ejemplo de Estados Unidos como algo modélico, exagerando el cinismo de Robespierre a quien se presenta como alguien que no es de fiar y que sólo actúa por venganza —como el personaje de Jacques-Nunca-Olvida

(Leslie King)— y exaltando al máximo a Danton, al que compara con Abraham Lincoln y al que presenta como si fuera la justicia y la virtud personificada. *Las dos huérfanas* deja muy claro que nada bueno puede surgir de posturas radicales y que el verdadero progreso se encuentra en las opciones moderadas.

Por lo demás, la historia, basada en una representación teatral de 1874, es bastante sólida, bien construida y entretenida porque, pese al largo metraje de la película y a una temática que puede hacerse aburrida para todo aquel al que no le guste el cine histórico, en ningún momento se hace pesada y, gracias a la magnífica interpretación de las hermanas Gish y a una cierta explotación, como afirmaba Olga María Alegre, de la figura de la "dulce inocente", el espectador llega a identificarse plenamente con las desventuras que les suceden a ambas.

Por último, más allá de las intencionalidades políticas, la película sí que refleja fielmente las profundas desigualdades sociales existentes en la Francia del Antiguo Régimen y muestra sin cortapisas los comportamientos más allá de cualquier moral que se veían obligados a realizar todos los que sufrieron la miseria en estos años. El personaje de la anciana Frochard es más que sintomático y encajaría perfectamente en el ambiente que describió Dickens en sus novelas ambientadas cincuenta años después. Independientemente de los sentimientos que pueda provocarle al espectador por su forma de tratar a la hermana muda, no cabe ninguna duda de que encarna a alguien que, más allá de lo que esté bien o de lo que esté mal, se ve en la obligación de recurrir a todo para sobrevivir.

Novela adaptada:

- D'ENNERY, Adolfo, *Las dos huerfanitas*, Bruguera, Barcelona, 1959 [adaptación de José María Carbonell y Pedro Alférez].

DREAM STREET

Ficha técnica:

Dirección: David Wark Griffith.

Guión: David Wark Griffith como Roy Sinclair, basándose en Thomas Burke.

Reparto: Carol Dempster, Ralph Graves, Charles Emmett Mack, Edward Peil Sr., Tyrone Power Sr., William J. Ferguson, Porter Strong, George Nevilla, Charles Slattery y Morgan Wallace.

Argumento:

James Spike McFadden (Ralph Graves) es uno de los hombres más temidos de un vecindario londinense por el control que ejerce sobre la mafia y el contrabando de su entorno, en abierta rivalidad por el negocio con el oriental Swan Way (Edward Peil, Sr.). James tiene un hermano pequeño llamado Billie (Charles Emmet Mack) al que sobreprotege, existiendo entre ellos una auténtica devoción. Una noche que los tres coinciden en el teatro conocen a Gypsy Fair (Carol Dempster), una bailarina de la que todos se enamoran y que vive en situación de pobreza con su anciano padre (William J. Ferguson).

James, acostumbrado a obtener todo lo que quiere aunque sea por la fuerza, empieza a acosar a Gipsy, quien se resiste visiblemente violentada por su actitud. Mientras todo esto sucede, Billie, que desconoce los sentimientos de su hermano mayor hacia Gipsy, le declara su amor y le promete que matará a cualquier persona que le haga daño. Un día ambos hermanos coinciden mientras James intenta forzar a Gipsy y Billie le apunta con una pistola, si bien no es capaz de matarle. Los dos se funden en un abrazo horrorizados por su forma de actuar y por la tragedia que ha estado a punto de desencadenarse.

Conforme el comportamiento de James hacia Gipsy se va volviendo más cortés y educado, ella se va progresivamente enamorando de él, a lo que también ayuda la enorme soledad que siente tras el fallecimiento de su padre. Un día, un ladrón se cuela en la casa de los dos hermanos con intención de robarles. Billie lo sorprende y lo mata de un disparo. James, a fin de proteger a su hermano pequeño, se inculpará del crimen, aunque también le confesará a Gipsy que él no ha tenido nada que ver y que le crea. Swan Way escucha accidentalmente la conversación y decide aprovechar las circunstancias para destruir a los McFadden y para así intentar obtener a Gipsy.

Comentarios:

Aunque los carteles de la época la anunciaron como una comedia dramática, lo cierto es que ante lo que nos encontramos es ante un drama bastante sólido que, tras una primera hora un tanto insustancial, consigue atrapar de forma muy eficaz a los espectadores durante su segunda mitad. Una historia cargada de la moralidad y de la forma de pensar habitual en Griffith, es una película interesante, aunque está muy por debajo de las que fueron las grandes obras maestras de este director.

Rodada entre dos películas mucho más logradas como fueron *Las dos tormentas* (1920) y la anteriormente comentada *Las dos huérfanas*, nos cuenta la historia de los que sueñan, incidiendo en qué es lo que sueñan y cómo los sueños pueden conducir a situaciones de peligro o de decadencia moral, propósito este, el de encadenar ambas ideas, que en mi opinión no está demasiado bien conseguido, puesto que, pese a que esta pudiera ser la intención de Griffith, lo hace mediante una historia en la que el entretenimiento se apodera a cualquier otra sensación.

Como sucede con tantas películas de Griffith, determinados detalles no encajan para nada con la mentalidad actual y se observa con cierto desagrado el hecho de que Gipsy se acabe enamorando del violento y del ser agresivo que peor la trata desde el principio, si bien no deja de ser sorprendente la total transformación de un personaje, James, que al principio se gana el rechazo del espectador y que, al final, se convierte en una víctima de las circunstancias, con lo que se disipa cualquier animadversión que se le hubiera podido tener.

Desde un punto de vista simbólico, son especialmente llamativas las dos alegorías que utiliza Griffith como representaciones del bien y del mal: en el primer caso, un predicador callejero al que encarna Tyrone Power Sr. —un actor completamente olvidado en beneficio de su célebre hijo, del mismo nombre—; en el segundo, un violinista que actúa enmascarado (Morgan Wallace) y que, cuando se quita la máscara, nos muestra un rostro desfigurado, con unos enormes dientes prominentes dignos de los maquillajes que en esta década hicieron tan famoso a Lon Chaney.

En una película tan "callejera" como la que aquí tenemos, las escenas en las que aparecen estos personajes influyendo de una forma o de otra a los protagonistas constituyen pequeñas inmersiones en el género fantástico que resultan absolutamente deliciosas en una película que no deja de ser menor entre las dirigidas por David W. Griffith o incluso, tal y como afirmaba Kevin Brownlow en una semblanza biográfica que realizó de su protagonista femenina, una de las peores del director.

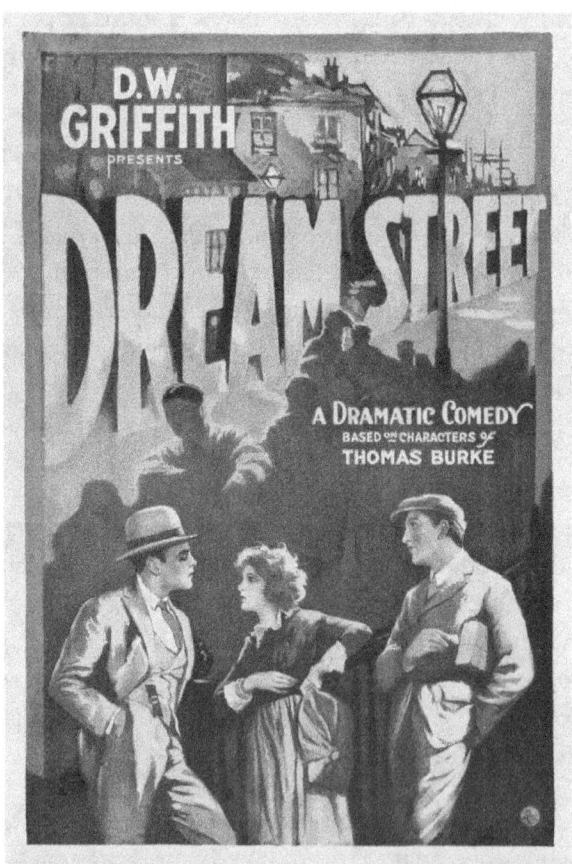

EUGENIA GRANDET
The conquering power

Ficha técnica:

Dirección: Rex Ingram.

Guión: June Mathis, basándose en Honoré de Balzac.

Reparto: Alice Terry, Rodolfo Valentino, Ralph Lewis, Carrie Daumery, Bridgetta Clark, Mark Fenton, Ward Wing, Eric Mayne, Edward Connelly, George Atkinson, Willard Lee Hall, Mary Hearn, Eugene Pouyet, Andrée Tourneur.

Argumento:

Charles Grandet (Rodolfo Valentino) vive su juventud celebrando continuas fiestas hasta que su padre Victor Grandet (Eric Mayne) le confiesa que una mala operación económica por su parte les ha conducido a la ruina. Aunque reacio por la cantidad de años que han transcurrido sin mantener contacto con su hermano Félix (Ralph Lewis), Victor manda a Charles con su tío, rogándole en una carta que cuide de él y con la secreta intención de suicidarse.

Cuando Victor llega a donde vive su tío, se encuentra con una persona especialmente avara y que viste y vive en condiciones muy cercanas a la miseria para poder seguir teniendo mucho dinero, arrastrando a este estilo de vida a su hija Eugénie (Alice Terry). Victor conoce a su prima y ambos se enamoran, reacción que provoca los recelos del tío al ver que puede peligrar el hecho de controlar con quién se casa su hija.

En el momento en que se enteran del suicidio de su hermano Victor, Félix se aprovecha de la venta de sus deudas, quedándose con los beneficios que le corresponderían a su sobrino y enviándolo a la Martinica para evitar que se entere y para alejarlo de su hija a fin de romper la relación que hay entre ambos. Eugénie, apesadumbrada por la marcha de Charles, decide darle las monedas de oro que ella ha ido recibiendo de su padre cada cumpleaños.

Transcurrido un año sin comunicación entre la pareja como consecuencia de que Félix intercepta todas las cartas que llegan para su hija e impide que esta escriba a su primo, se acaba enterando de la ayuda económica que le dio Eugénie y en un ataque de rabia mata accidentalmente a su esposa, encierra a su hija hasta la extenuación y se enclaustra hasta la locura.

Comentarios:

Adaptación de la obra de Honoré de Balzac publicada en 1833, se trata de un amplio catálogo de todos los sentimientos y pasiones más negativas de la condición humana hasta que al final, a modo de moraleja, triunfa el amor por encima de todos. El amor es, por este motivo, el *conquering power* al que hace referencia el título.

En primer lugar, el personaje de Charles Grandet recuerda bastante al que el mismo Valentino había interpretado en *Los cuatro jinetes del Apocalipsis*. Si en aquella película tenía lugar al principio un tórrido tango que el actor bailaba con una Beatrice Domínguez que falleció prematuramente este mismo año de 1921, en esta vuelve a interpretar a un joven lujurioso, amante de las fiestas, que besa a las esposas de otros y que es el primero que siente deseos lascivos cuando su padre le dice que, yendo a vivir con su tío, tendrá la ocasión de conocera a su prima.

Por su parte, el tío Félix, con un Ralph Lewis que borda su interpretación, es un avaro egoísta al que no le importa nada de lo que le suceda a los demás. Pesa hasta la harina con que se hace la comida, abre el vino por ser el cumpleaños de su hija pero dice que el resto de la semana será frugal, es manipulador, ladrón más allá de los sentimientos de su familia, más adelante se revela que en realidad no es el padre biológico de Eugénie y que, por lo tanto, ella tiene derecho a reclamar la mitad de los bienes que habían correspondido a su difunta madre, lo que evidentemente Félix le oculta...

Si todos estos detalles ya contribuyen a crear un sentimiento en el espectador de antipatía hacia él, una escena concreta en la que la criada Nanon (Mary Hearn) se cae por las escaleras y está a punto de romper la botella de vino que lleva en las manos provocando que Félix comente que menos mal que no la ha roto porque vale más que ella se convierte en el cúlmen del odio que puede llegar a sentirse por un personaje al que Lewis encarna como al villano perfecto.

Aunque posiblemente no es tan recordada en la memoria del cinéfilo como *Los cuatro jinenes del Apocalipsis* o como *El caíd*, esta película supuso la consagración de una serie de asociaciones que funcionaron a la perfección durante la década y que fueron, por un lado, la del astro italiano con la guionista June Mathis —también fallecida muy joven al año siguiente de que muriera Valentino— y, por el otro, la de este con Alice Terry, la esposa del director con quien Valentino protagonizaría las películas que más fama le reportaron.

Por último, hay que señalar que, como tantas otras películas ya comentadas hasta aquí, *Eugenia Grandet* también cuenta con una extraordinaria incursión en el género fantástico con el tío Félix encerrado en una habitación preso de la locura, sufriendo alucinaciones, con la aparición de fantasmas que le reprochan las muertes que ha provocado, con garras que salen de donde él guarda el oro o que se cuelan por las ventanas o con la aparición de un demonio que recuerda bastante a los que aparecían en los cortos de Georges Méliès en los albores del cine.

Todos estos detalles convierten a este largometraje en algo que ofrece bastante más que el típico melodrama que uno puede esperar a simple vista.

Novela adaptada:

- BALZAC, Honoré de, *Eugénie Grandet*, Madrid, Espasa-Calpe, 1995.

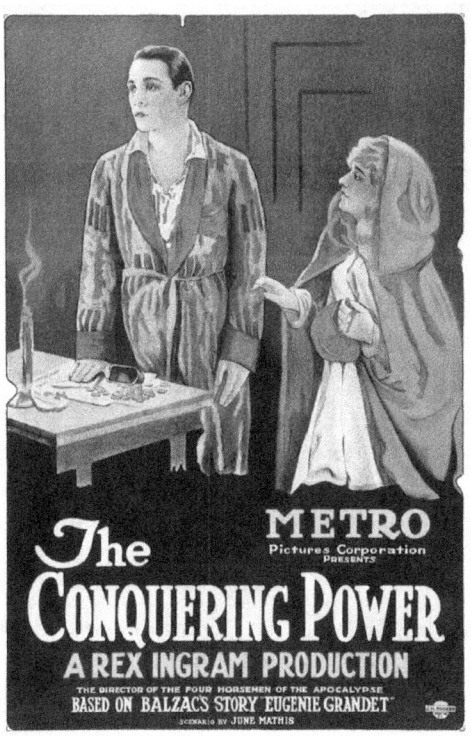

FRUTA PROHIBIDA, LA
Forbidden fruit

Ficha técnica:

Dirección: Cecil B. DeMille.

Guión: Cecil B. DeMille y Jeanie Macpherson.

Reparto: Agnes Ayres, Clarence Burton, Theodore Roberts, Kathlyn Williams, Forrest Stanley, Theodore Kosloff, Shannon Day, Bertram Johns, Julia Faye, William Boyd, Winter Hall, Lillian Leighton y Conrad Nagel.

Argumento:

James Harrington Mallory (Theodore Roberts) y su esposa (Kathlyn Williams) son unos empresarios con abundantes explotaciones petrolíferas que están interesados en que el joven Nelson Rogers (Forrest Stanley) invierta en su compañía. Ante las reticencias de este, a la señora Mallory se le ocurre prolongar su estancia buscándole compañía femenina que lo retenga allí hasta que firme los papeles y entre en el negocio. Para ello recurre a Mary Maddock (Agnes Ayres), quien está casada con un hombre, Steven Maddock (Clarence Burton), al que mantiene mientras él se pega todo el día durmiendo y sin buscar trabajo.

Vestida y cubierta de joyas como si fuera una dama de la alta sociedad, le presentan a Nelson, quien instantáneamente se siente atraído por ella y le pregunta por su domicilio, lo que Mary no puede revelar para que no se descubra la farsa. Al no conseguir la firma de los contratos en esa noche, la señora Maddock organiza un fin de semana en su casa para que ambos vuelvan a coincidir. Aunque Mary se niega en un primer momento, su marido cada vez la trata peor y al final accede a fin de poder estar con quien siente que se ha enamorado.

Para complicar la situación, el mayordomo de la familia Mallory, Pietro Giuseppe (Theodore Kosloff), que conoce a Steve Maddock, le revela que una mujer rica y con gran cantidad de joyas los visitará ese fin de semana. Steve se cuela por la noche con intención de robarle las joyas, cuando descubre que se trata de su mujer caracterizada como una gran dama. Encolerizado, todos se despiertan y, al sentirse atrapado en mitad del robo, revela a Rogers el engaño del que ha sido víctima. Pese a que en un primer momento Mary finge no conocer de nada a su marido, más adelante le revelará a Nelson la verdad y sus humildes orígenes, poniendo a este en la tesitura de cómo afrontar la nueva situación y de cómo conseguir a la mujer que ama cuando la creía soltera y cuando se encuentra casada con un delincuente.

Comentarios:

Si bien en una primera impresión, especialmente juzgando por el título, puede parecer que nos encontramos ante una película que representa una historia más de problemas matrimoniales e infidelidades, lo cierto es que *La fruta prohibida* contiene no pocos méritos, el primero de los cuales probablemente sea el haber sido un largometraje adelantado a su tiempo.

Uno de los primeros mensajes plasmado en uno de los intertítulos es meridianamente claro y se pregunta qué debe hacer una mujer que se desvive por mantener a su marido cuando éste muestra constantemente una actitud de dejadez y vagancia. Sobre esto bascula el eje principal de la película, puesto que, más allá de la representación de la farsa que se le propone, la historia de Mary consiste en debatirse frente a este dilema, en actuar así como modo de supervivencia y, a su vez, luchar contra su conciencia y sus sentimientos.

El personaje de Mary Maddock, a la que interpreta una Agnes Ayres que en 1921 también fue la protagonista de *El caíd* y que por aquellos años estaba muy vinculada a los dos hermanos DeMille, resulta completamente atípico puesto que en la parte final de la película se debate entre permanecer junto a su marido o fugarse con el hombre del que se ha enamorado. Si para la moral de los años veinte esto es algo sobre lo que no cabía o debería caber ninguna duda, no cae la película en lo meramente previsible y esto, sin ninguna duda, se trata de un valor añadido.

Casi tres cuartos de siglo antes de *Los puentes de Madison* (1995), parece como si las épocas se hubieran invertido y lo que sucede en *La fruta prohibida* resulta más típico de la mentalidad de los años noventa — aunque la genialidad de Clint Eastwood se ambiente en los sesenta— que de los años veinte.

En otro orden de cosas, aunque no se trate de una película de temática social, lo cierto es que refleja a la perfección el brutal contraste existente entre las diferentes clases sociales, especialmente en todo lo referente a sus formas de vida. Cuando Mary se pone los vestidos y las joyas que le presta la señora Mallory se sumerge en un universo muy lejos de su alcance, si bien esa diferencia afecta a lo económico, que no a lo moral.

Si reprobable puede ser la actitud de Steve Maddock ante el trabajo o en un momento en el que se le ofrece una cantidad de dinero por renunciar a su mujer y el símbolo del dólar se dibuja en sus ojos, los Mallory no se salvan cuando se les ve planeando y ejecutando todo tipo de subterfugios para hacerse con sus propósitos o cuando la señora no para de dirigir miradas de desconfianza e incluso de reproche hacia Mary para evitar que esta le pueda sustraer alguna joya.

Por último, resulta llamativo ver, una vez más, cómo muchas de estas películas, aun cuando no tuvieran nada que ver con el género fantástico, hacían no pocas concesiones al mismo, como también se aprecia en *Los cuatro jinetes del Apocalipsis* o en *Eugenia Grandet*. En esta ocasión, la historia de Mary se compara con la de Cenicienta, que puede vivir momentos de ensueño siempre que tenga presente que el desenlace siempre va a ser la vuelta a la realidad. Diversas escenas en las que unos personajes en miniatura representan su historia provocan que el paralelismo se consiga a la perfección, no sin un notable esfuerzo por parte de DeMille y su equipo para rodarlas, tal y como ha destacado Kevin Brianton.

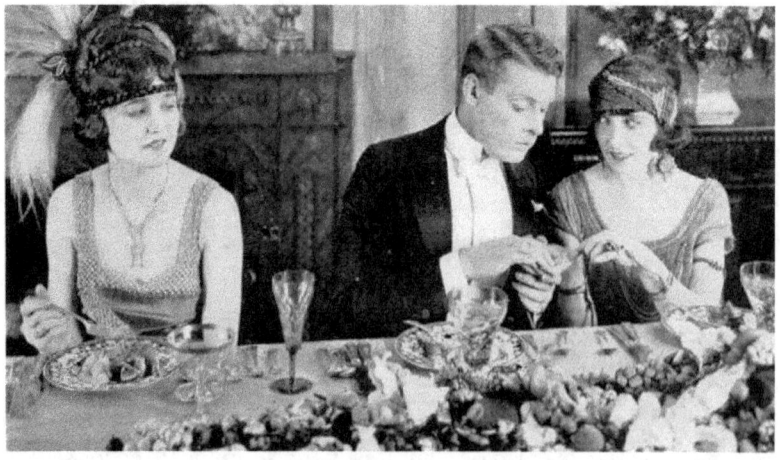

GATO MONTÉS, EL
Die Bergkatze

Ficha técnica:

Dirección: Ernst Lubitsch.

Guión: Ernst Lubitsch y Hanns Kräly.

Reparto: Pola Negri, Victor Janson, Paul Heidemann, Wilhelm Diegelmann, Hermann Thimig, Edith Meller, Marga Köhler, Paul Graetz, Max Gronert, Erwin Kopp y Paul Biensfeldt.

Argumento:

En un fuerte ubicado en las montañas, el comandante Tossenstein (Victor Janson) se muestra preocupado por un grupo de bandidos que viven en tiendas de campaña en mitad de la nieve, que visten como gatos monteses y que están liderados por Rischka (Pola Negri). A fin de capturarlos, envía al teniente Alexis (Paul Heidemann), un militar muy popular entre el género femenino puesto que tiene a todas enamoradas y es padre de multitud de niñas.

El teniente Alexis no logra su objetivo y el enfrentamiento con Rischka lo único que provoca es que esta se enamore de él, no sin antes haberle robado los pantalones. Cuando Alexis vuelve al fuerte, se concierta su boda con Lilli, la hija del comandante (Edith Meller), lo que provoca una reacción de celos en Rischka, que toma la decisión de asaltar el fuerte para impedirlo.

Comentarios:

Un guion repleto de situaciones completamente absurdas que no deben tomarse en serio constituye la feroz crítica antimilitarista que Lubitsch elaboró en esta película, en un momento además bastante delicado por lo que había supuesto la derrota alemana en la Primera Guerra Mundial, con una considerable desconfianza en el ejército por parte de algunos sectores y un malestar creciente que iría provocando el paulatino ascenso en Alemania de corrientes de pensamiento muy radicalizadas.

Si el argumento ya de por sí no puede ser intencionadamente más absurdo en tanto en cuanto el ejército aparece aquí reducido a someter a unos bandidos montañeses que visten como si fueran gatos, la visión que se ofrece del mismo a su vez no puede ser más esperpéntica y llena de detalles que ahondan en el ridículo: el exagerado bigote del comandante que se burla de la estética imperante en la época de Bismarck, un corneta que interrumpe su actividad para comer, un grupo de soldados que ignoran sistemáticamente el toque de diana y que, cuando su comandante se ha retirado después de haberles abroncado, no dudan en volver a echarse a dormir…

Determinados personajes enriquecen todavía más la visión que Lubitsch quiere dar del ejército y, además del comandante y su constante comportamiento histriónico, posiblemente sea el teniente Alexis el que más juego ofrece en esta visión demoledora al ser un militar de nulas capacidades que únicamente se dedica a dejar embarazadas a todas las mujeres del regimiento y que se muestra absolutamente incapaz de afrontar la simple misión que se le encomienda.

Por si estos detalles no fueran suficientes, resulta de gran interés en esta película disfrutar, por un lado, de Pola Negri, una de las divas del cine mudo antes de su llegada a los Estados Unidos; por otro, de la magnífica ambientación de las escenas que se desarrollan en los nevados paisajes montañosos y, por último, de un detalle técnico bastante poco frecuente como es el hecho de que los fotogramas estén recortados en base a caprichosas formas geométricas que se van alternando y que originan un sorprendente punto de vista en el espectador.

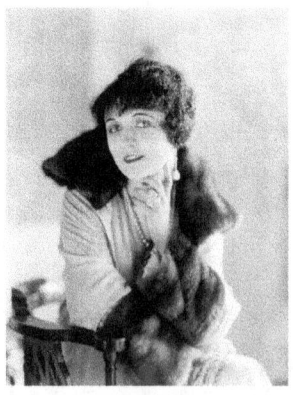

HAMLET

Ficha técnica:

Dirección: Sven Gade y Heinz Schall.

Guión: Erwin Gepard, basándose en Edward P. Vining sobre los personajes creados por William Shakespeare.

Reparto: Asta Nielsen, Paul Conradi, Mathilde Brandt, Eduard von Winterstein, Heinz Stieda, Hans Junkermann, Anton De Verdier, Lilly Jacobson y Fritz Achterberg.

Argumento:

Tras una batalla en la que se enfrentan Noruega y Dinamarca, el rey danés Hamlet (Paul Conradi) mata a su homólogo noruego Fortinbrás. La reina Gertrude (Mathilde Brandt) se encuentra embarazada y da a luz a una niña, pero a fin de salvar la corona deciden guardar el secreto, hacerla pasar por un varón y bautizarla con el nombre de Hamlet (Asta Nielsen). Cuando crece, va a estudiar a la universidad de Wittenberg, donde conoce a Fortinbrás (Fritz Archterberg), el nuevo rey de Noruega, de quien se hace amigo.

Mientras esto sucede, se entera de la muerte de su padre y del casi inmediato matrimonio de su tío Claudio (Eduard von Winterstein) con su madre, así como de los rumores que apuntan a que fue él quien asesinó a su propio hermano para apoderarse del trono y para casarse con su cuñada. Con la ayuda de su amigo Horatio (Heinz Stieda) intenta desentrañar el misterio en torno a la muerte de su padre, averiguar si son ciertos los rumores y, de ser así, desenmascarar a los culpables.

Fingiendo estar dominado por la locura, progresivamente Hamlet va infundiendo el temor en Claudio, especialmente en el momento en que el príncipe prepara la representación de una obra teatral en la que se acusa abiertamente al rey de haber envenenado a su antecesor. A fin de alejarlo de esta conducta, Claudio buscará que Hamlet se enamore de Ofelia (Lilly Jacobson), hija de Polonio (Hans Junkermann); si bien, él, al ser realmente una mujer que actúa como si fuera un varón, constantemente la rechaza, lo que le provocará una locura agravada por el hecho de que

Hamlet asesine a Polonio creyendo que se trataba de Claudio. Este acontecimiento, unido a que Claudio tiende una trampa a Hamlet para que este sea asesinado por el rey de Noruega, desencadena la tragedia y la muerte subsiguiente de varios de ellos.

Comentarios:

Una magnífica puesta en escena es la que nos ofrece esta película danesa concebida en torno al lucimiento de su máxima estrella, la por entonces popularísima actriz Asta Nielsen. Ya el hecho de que sea ella la que, caracterizada como un varón con el pelo corto y constantemente vestida de negro, interprete a Hamlet, así como el hecho de que en algunas escenas se deje entrever que desarrolla sentimientos amorosos por algunos de sus compañeros masculinos, supone un planteamiento de gran interés en una adaptación cargada de originalidad.

Si no quiere sentirse defraudado, no debe el espectador en ningún momento esperar ver una adaptación fidedigna de la magistral obra de William Shakespeare, sino más bien una versión reconvertida de la historia que, no obstante, mantiene en muchos pasajes la esencia del original, así como la forma de ser de los personajes. Con todo, cuando se establece la inevitable comparación, hay varias escenas no presentes en el largometraje y que se echan bastante de menos, como son las apariciones del fantasma del rey asesinado así como el celebérrimo soliloquio de "Ser o no ser", que nunca llega a recitarse en esta película.

Con todo, el largometraje no pierde nada por este motivo y nos ofrece un absoluto deleite de historia, con una ambientación insuperable, con unos actores que interpretan sus papeles a la perfección exagerando los rasgos del carácter de sus personajes y, en especial, con una notable ambigüedad sexual generada por el hecho de que el personaje de Hamlet sea en realidad una mujer. La atracción que siente por sus compañeros de la universidad, la amistad especial que une a Hamlet y a Polonio y el suspense que generan los encuentros amorosos entre el príncipe y una Ofelia incontenible constituyen una valiente apuesta por una temática que nunca habríamos visto en una película norteamericana.

No exagera Delilah Bermúdez cuando afirma que, de las trece adaptaciones mudas que tuvo el *Hamlet* de Shakespeare, nos encontramos ante una versión única en muchos sentidos.

LOVE LIGHT, THE

Ficha técnica:

Dirección: Frances Marion.

Guión: Frances Marion.

Reparto: Mary Pickford, Evelyn Dumo, Raymond Bloomer, Fred Thomson, Albert Prisco, George Regas, Eddie Phillips y Jean De Briac.

Argumento:

Angela Carlotti (Mary Pickford) vive feliz en un pequeño pueblo marinero italiano junto a sus hermanos Antonio (Jean De Briac) y Mario (Eddie Phillips), quienes constantemente la hacen rabiar contándole a Giovanni (Raymond Bloomer) que su hermana está loca por que él vaya a visitarla de vez en cuando, que se quede a cenar...

Súbitamente estalla la Primera Guerra Mundial y Antonio debe partir al frente mientras Mario está deseando crecer para poder también alistarse. Cuando este marcha también a combatir, Angela recibe la noticia de la muerte de Mario. Destrozada por la noticia y viendo cómo Giovanni también debe marchar a luchar, se hace cargo del faro que este regentaba. Un día llega un náufrago a la playa, que dice ser americano y llamarse Joseph (Fred Thomson). Angela lo acoge al instante y le promete que no revelará a nadie que lo está refugiando.

Cada día que pasa están más enamorados y Angela, cuando va a trabajar al faro, le envía señales luminosas de amor. Como consecuencia de jugar a esto con la luz del faro, un barco que transportaba heridos de guerra entre los que se encontraba Mario se hunde y su otro hermano también fallece. Más adelante, descubre que Joseph le ha mentido y, en realidad, es alemán. Cuando el pueblo se entera acude a su casa con sed de venganza y Angela lo delata.

Pese a que la relación amorosa haya acabado de esta manera, Angela se había quedado embarazada y da a luz una niña que le es robada por las religiosas del convento en la que Angela se encuentra con síntomas de haber perdido la razón y entregada a Maria (Evelyn Dumo), una vieja amiga que, a su vez, también ha perdido a su hijo. De repente, Giovanni regresa de la guerra, pero se ha quedado ciego.

Comentarios:

Muchas son las películas que, siendo auténticas obras maestras, por los motivos que sean, han pasado completamente desapercibidas. Este es el caso claro y muy evidente en mi opinión de *The love light*, una crudísima visión de cómo la guerra lo destruye todo y no solo en el campo de batalla, sino también en los lugares más apacibles que puedan imaginarse. Este es el escenario en el que se desarrolla este largometraje: un tranquilo y afable municipio costero italiano que definiríamos como un lugar donde nunca pasa nada.

El contraste entre la vida antes del conflicto y durante el mismo es brutal. Antes reina la alegría en un pueblo donde todos se tienen cariño y donde ríen constantemente; a partir del momento en el que Antonio debe acudir a la guerra empiezan a sucederse las desgracias en la vida de todos aquellos que, sin quererlos, se ven absorbidos por los acontecimientos.

El nuevo mundo que surge durante el conflicto es un universo en el que se combinan comportamientos egoístas, multitud de recelos y de sospechas de unos sobre otros y un derrumbe generalizado de los valores morales anteriores como consecuencia de la presión social y de la ideología imperante en uno y otro bando durante el conflicto. Las dudas que alberga Angela sobre amar a Joseph cuando se entera de que, en realidad, este es alemán y no americano o el egoísmo de una trastornada Maria que solo quiere recuperar a su bebé perdido sin importarle lo más mínimo el hecho de robárselo a Angela son escenas durísimas y un reflejo del verdadero carácter de los seres humanos en situaciones extremas.

En la actualidad, cada vez se valora más la no siempre bien apreciada capacidad de la ficción de recrear momentos de nuestro pasado muy por encima incluso de muchas películas históricas o de las que pretenden serlo cuando, en realidad, se tratan de reconstrucciones muy fallidas de dicho pasado. Creo que *The love light* puede enmarcarse a la perfección entre ese grupo de largometrajes con un argumento que, siendo pura ficción, representan a la perfección la época en la que se ambientan, incluyendo mentalidades, sentimientos y comportamientos.

Por último, no es menos importante señalar que nos encontramos posiblemente ante una de las primeras películas de la historia del cine que fue dirigida por una mujer, la célebre Frances Marion, la guionista habitual de las películas interpretadas por Mary Pickford y sin duda la más famosa del cine mudo, aunque no continuara con las labores de dirección más que en un par de ocasiones.

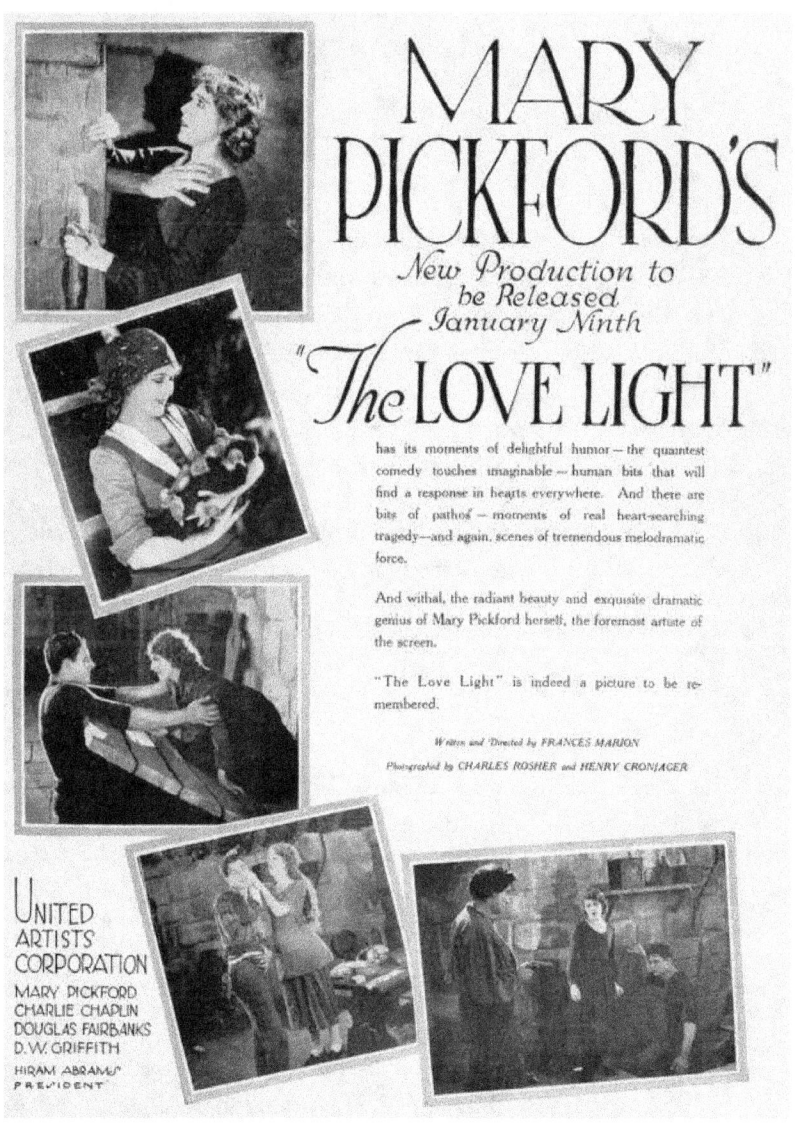

LUZ QUE MATA, LA
Der gang in die nacht

Ficha técnica:

Dirección: Friedrich W. Murnau.

Guión: Harriet Bloch y Carl Mayer.

Reparto: Olaf Fønss, Erna Morena, Conrad Veidt, Gudrun Bruun Stephensen y Clementine Plessner.

Argumento:

Eigil Börne (Olaf Fønss) es un médico que, pese a estar casado con Helene (Erna Morena), está muy distanciado de ella y cede con facilidad cuando sus pacientes flirtean con él hasta el punto de fingir enfermedades o lesiones para que acuda a sus domicilios. Una de ellas, Lily (Gudrun Bruun), una bailarina obsesionada con él, insiste en sus pretensiones amorosas hasta que Eigil se enamora y pide el divorcio a Helene, quien cae en una depresión.

Ambos se van a vivir al campo y su existencia es feliz, salvo por las escenas de celos y desesperación que siente Lily cuando Eigil no está en casa. Este recibe una carta en la que se le indica el estado de postración en el que se encuentra Helene, si bien decide ignorar la situación y centrarse en su nueva novia.

Todo cambia cuando un día llega a la isla en que ellos viven un pintor que se ha quedado ciego (Conrad Veidt). Eigil se volcará en devolverle la visión, lo que consigue, si bien, nada más el pintor consigue ver, se enamora locamente de Lily, quien le corresponde en sus sentimientos. Ambos iniciarán una relación a hurtadillas hasta que un día Eigil los descubre.

Comentarios:

También conocida como *El camino hacia la noche*, se trata de una película danesa no muy conocida en la filmografía de un Friedrich W. Murnau, que a comienzos de esta década coqueteaba bastante con películas de temática sobrenatural en producciones como *Satanás* (1920) o la celebérrima *Nosferatu, el vampiro* (1922). Aunque su película más famosa de 1921 fue *El castillo encantado*, lo cierto es que este largometraje, que es un drama sin ninguna pretensión hacia el misterio o el terror, resulta más interesante que aquel.

En primer lugar, la trama tiene una solidez sin fisuras, con un argumento sobradamente coherente y lleno de ricos matices en lo que se refiere a la caracterización de los personajes. La contraposición entre el viejo doctor y su joven novia es un anticipo en toda regla de *El ángel azul* (1930), aunque en esta ocasión el espectador no siente por el protagonista masculino la misma simpatía que se siente por Emil Jannings cuando se ve la obra maestra de Josef von Sternberg, puesto que no se trata de un personaje triste y solitario, sino de alguien que con su decisión sumerge a su mujer en una pesadilla.

La complejidad de sentimientos de los personajes resalta especialmente en el papel de Lily, siempre balanceándose entre la alegría incontrolada de la juventud, la inmadurez de quien recurre a chiquillerías para atraer a la persona de la que está enamorada y el pánico a perder la atención del ser amado hasta que decide sin mayor dilación sustituirlo por otro. El contraste entre los momentos de alegría y risa desenfrenada por un lado y de pesadilla por los celos cuando el médico está trabajando no puede estar más logrado.

Con todo, uno de los mayores atractivos de la película consiste en ver a Conrad Veidt y su interpretación del pintor. De una rigidez extrema que podría considerarse sobreactuación si se tratara de cualquier otro actor, en el caso del intérprete de *El gabinete del doctor Caligari* (1919) esto queda absolutamente fenomenal, dotando al personaje de un punto de misterio que se convierte en una arrolladora capacidad de seducción ante la cual Lily no puede resistirse.

Cabe señalar además que, como indica Luciano Berriatúa, Conrad Veidt fue alguien decisivo para la carrera de Murnau, puesto que, junto a Ernst Hoffmann, le brindaron la posibilidad de dirigir películas al producirle varias de ellas en 1919. *La luz que mata* es la primera que se ha conservado del genial director alemán.

MISS LULU BETT

Ficha técnica:

Dirección: William C. deMille.

Guión: Clara Beranger, basándose en Zona Gale.

Reparto: Lois Wilson, Milton Sills, Theodore Roberts, Helen Ferguson, Mabel Van Buren, Mae Giraci, Clarence Burton, Ethel Wales, Taylor Graves y Charles Ogle.

Argumento:

Lulu Bett (Lois Wilson) es la cocinera de una familia, los Deacon, compuesta por la abuela (Ethel Wales), el matrimonio que forman Dwight (Theodore Roberts) e Ina (Mabel Van Buren) y sus dos hijas Diana (Helen Ferguson) y Monona (Mae Giraci). Lulu se encuentra completamente esclavizada por una familia desunida en la que la abuela mantiene una relación muy tirante con su hijo, la hija mayor está deseando independizarse con su novio Bobby (Taylor Graves) …

Un día vuelve a casa Ninian Deacon (Clarence Burton), hermano de Dwight y viajero que ha recorrido medio mundo. Sintiéndose atraído por Lulu, ambos se casan la misma noche en la que él la invita a ella a cenar y después de que ella se vea un tanto superada por los acontecimientos. Cuando parece que va a comenzar la nueva vida de Lulu, Ninian le confiesa que se casó quince años atrás y que en realidad no sabe el paradero de su primera mujer, por lo que el nuevo matrimonio pudiera no ser válido.

Lulu le abandona y vuelve a casa de los Deacon, si bien estos no le permiten contar lo que ha sucedido para que no surja un escándalo por la posible bigamia de Ninian. Lulu se enfrentará como consecuencia de ello a las burlas de todo un pueblo que considera que ha sido abandonada por su marido a la par que el maestro de la escuela, Neil Cornish (Milton Stills) comienza a interesarse por ella.

Comentarios:

William C. deMille no fue un director tan famoso como su hermano

Cecil, pese a que a comienzos de los años veinte ambos rodaban un significativo número de películas. *Miss Lulu Bett*, que se basa en un gran éxito de ventas de 1920, es sin duda una de sus más conocidas dentro de una filmografía que, no obstante, tampoco destaca por contener ninguna genialidad y que se paralizó con la llegada del cine sonoro mientras que su hermano ya había alcanzado la fama con gigantescas superproducciones.

Tomando como protagonista incuestionable al personaje de Lulu, el espectador se identifica completamente con ella y reacciona en contra de todos los demás cuando ve el incluso vejatorio trato que le dispensan. Lulu no es una simple sirvienta, sino que es una esclava al antojo de los caprichos de la familia Deacon y, de hecho, el propio Ninian la define como tal utilizando la palabra "slave" cuando intenta intimar con ella.

El breve periodo en el que Lulu está con Ninian fuera de esa casa, el hogar de los Deacon se convierte en un caos y la vajilla, completamente llena de hormigas, se acumula en la cocina. Estas situaciones son las que provocan que se incremente la animadversión del espectador ante la familia Deacon, especialmente en un momento en el que ella es despedida por, según Dwight, haber traído la desgracia a la familia y, al momento, readmitida cuando se dan cuenta de que, si la despiden, tendrán que ser ellos los que hagan las tareas del hogar.

Lo que podría haber sido una trama completamente plana se revaloriza en la parte final cuando Lulu debe enfrentarse a seguir viviendo una existencia monótona y sabiendo que solo la aprecian por puro interés o a rebelarse y cortar por lo sano…la misma tesitura en la que se vio envuelta Agnes Ayres en *La fruta prohibida*, dirigida por Cecil.

Puede decirse que en 1921 los dos hermanos DeMille nos ofrecieron películas protagonizadas por mujeres en situaciones agobiantes que se vieron en la obligación de tomar las riendas de su propio destino y al margen de las opiniones del resto, temática bastante innovadora si tenemos en cuenta que estamos hablando de las mentalidades conservadoras de hace cien años en donde esta emancipación de la mujer no siempre estaba bien vista.

MY BOY

Ficha técnica:

Dirección: Albert Austin y Victor Heerman.

Guión: Max Abramson, Victor Heerman y Shirley Vance Martin.

Reparto: Jackie Coogan, Claude Gillingwater, Mathilde Brundage, Frank Hayes y Patsy Marks.

Argumento:

Jackie Blair (Jackie Coogan) es un niño huérfano que llega a Estados Unidos tras cruzar el océano Atlántico y que consigue pasar desapercibido para las autoridades de inmigración, entrando en el país. El causante involuntario de que el niño pueda entrar en Estados Unidos es el viejo capitán Bill (Claude Gillingwater), que lo pone a jugar con otros niños cuando lo ve solo. Cuando todos los niños se van con sus padres, Jackie se va con Bill para que lo acoja en su casa.

El capitán vive en un pequeño apartamento, sin dinero por no tener trabajo y agobiado por su casero, que le exige constantemente el pago del alquiler. Entre ambos surgirá una relación muy especial que les obliga a esconderse de los demás, hasta que el capitán cae enfermo y Jackie decide ayudarle a conseguir el dinero que necesita para que pueda alimentarse como debe y tomar las medicinas que su enfermedad requiere. Entre tanto, la abuela del niño (Mathilde Brundage) lo busca desesperadamente y organiza una fiesta infantil en la ciudad como recurso.

Comentarios:

Completamente afamado gracias al enorme éxito de *El chico*, lo cierto es que *My boy* no es que más que una película que la imita en gran medida y que se ve lastrada por esa falta de originalidad. Parece bastante evidente que quiso aprovecharse el tirón de la obra maestra dirigida y protagonizada por Charles Chaplin para hacer algo que es prácticamente igual, incluido un título que se asemeja bastante y que puede inducir a confusión.

La historia es tierna y emotiva, algo que no se puede negar, especialmente cuando se ven juntos al niño y al capitán ayudándose mutuamente y, sobre todo, el primero hacia el segundo cuando este cae enfermo. Si en *El chico* el protagonismo de Chaplin y de Coogan está más o menos repartido, en *My boy* Coogan es la estrella absoluta y los demás orbitan en torno a él. Todo aquel que se sienta sobrecogido por *El chico*, irremediablemente sentirá la misma ternura cuando vea *My boy*. Fuera de esto, esta película no tiene nada especialmente reseñable a excepción quizá de un mayor realismo que *El chico* al no aparecer aquí ninguna secuencia onírica ni las mil peripecias por las que atravesaba Chaplin para rescatar al chico cuando se lo llevaban los servicios sociales.

NUT, THE

Ficha técnica:

Dirección: Theodore Reed.

Guión: Kenneth Davenport, Douglas Fairbanks (como Elton Thomas), William Parker y Lotta Woods.

Reparto: Douglas Fairbanks, Marguerite De La Motte, William Lowery, Gerald Pring, Morris Hughes, Barbara La Marr, Sidney De Gray, Frank Campeau, Jeanne Carpenter y Charles Stevens.

Argumento:

Charlie Jackson (Douglas Fairbanks) es un excéntrico inventor cuyo único objetivo en la vida es enamorar a Estrell Wynn (Marguerite De La Motte), su vecina y la chica por la que está loco. Por eso, constantemente intenta impresionarla de mil maneras distintas, especialmente mostrándole mil inventos, a cual más surrealista y metiéndose en mil problemas que casi siempre dan al traste con sus propósitos.

En una demostración pública de su capacidad por disfrazarse de varios personajes queda en ridículo cuando derriba accidentalmente el biombo tras el que supuestamente se caracterizaba y se hace evidente que en realidad se escondían allí tantas personas como supuestamente estaba encarnando Charlie. Por si esto fuera poco y ante su enorme torpeza, la casa acaba incendiándose, por lo que no solo Estrell se enfada con él, sino que él acaba en la cárcel.

Allí conoce a un compañero de celda que le engaña diciendo que es uno de tres poderosos inversores y que está muy interesado en los inventos de Charlie. Ilusionado se lo cuenta a Estrell cuando sale de la cárcel, pero al pronto se entera de que son unos impostores. Avergonzado por haber metido la pata, decide robar varios muñecos de cera de un museo para que aparenten ser los inversores ante Estrell, lo que provoca que ella se enfade todavía más cuando descubre la farsa por no decir que varios testigos notifican a la policía que lo han visto trasladando cadáveres por la calle.

Con todo, Charlie tendrá la ocasión tan deseada de impresionar a su chica cuando esta sea secuestrada por su vecino Philip Feeney (William Lowery), un vividor que regenta una casa de apuestas clandestina y que también se siente atraído por Estrell.

Comentarios:

Más que por "nuez", probablemente la traducción más acertada de *nut* en este caso sea la de "chiflado" puesto que, en definitiva y aunque el espectador simpatiza con él desde el primer momento, eso es lo que es el personaje que interpreta en esta película Douglas Fairbanks, del mismo modo que también en 1921 Buster Keaton había dado vida a un "chivo" al que le pasa de todo en su corto titulado *The goat*.

Muy alejado de los papeles aventureros que le caracterizaron en la primera década de los años veinte, las estrellas femeninas del reparto de *The nut* le acompañarían en su siguiente película, la mucho más conocida y ambiciosa *Los tres mosqueteros*. Me refiero no solo a Marguerite De La Motte, sino también a una Barbara La Marr que aquí tiene un papel muy secundario como la celosa amante del rufián que constantemente tiene que ver cómo este intenta seducir a todas las chicas que se le antojan.

Sin que se trate de una obra maestra, resulta una comedia más que agradable por los numerosos enredos que presenta y porque ciertamente todo le sale mal al protagonista pese a sus siempre nobles intenciones. Son muchos los detalles que podrían destacarse, pero probablemente el mayor guiño a cualquier cinéfilo sea el momento en el que Charlie derriba el biombo y se ve cómo uno de los personajes que estaba preparado para salir a escena es el mismo Charlot a quien, no obstante, no interpreta Charles Chaplin, sino un actor caracterizado. Con todo, es un auténtico detalle la aparición de Charlot después de que ambos actores hubieran fundado la United Artists en 1919 junto a Mary Pickford y David W. Griffith.

Si a esto se le añade algún prodigio técnico como el hecho de podamos ver desde fuera a los protagonistas deslizarse por conductos de ventilación como si tuviéramos rayos X en los ojos o la inserción de personajes fantásticos como un demonio o un Cupido que aparecen en pantalla como telefonistas cuando los protagonistas masculinos, bien Charlie, bien Feeney, llaman a las chicas dependiendo de sus intenciones, el resultado es una película más que solvente y entretenida.

PEQUEÑO LORD FAUNTLEROY, EL
Little Lord Fauntleroy

Ficha técnica:

Dirección: Alfred E. Green y Jack Pickford.

Guión: Bernard McConville, basándose en Frances Hodgson Burnett.

Reparto: Mary Pickford, Claude Gillingwater, Joseph J. Dowling, James A. Marcus, Kate Price, Fred Malatesta, Rose Dione, Arthur Thalasso, Colin Kenny, Emmett King y Madame De Bodamere.

Argumento:

Cedric Errol y su madre (en ambos casos, Mary Pickford) viven en Nueva York. El niño es conocido en el barrio por su enorme generosidad y gran corazón, prometiendo a todos aquellos con los que se cruza que, cuando sea mayor y se convierta en el presidente de Estados Unidos, arreglará los problemas de todos ellos.

Un día se presenta en su domicilio William Havisham (Joseph Dowling), quien les comunica que Cedric es el único descendiente vivo del conde de Dorincourt (Claude Gillingwater), su abuelo y alguien que no quiso saber nunca nada de su madre por haberse casado con su hijo en contra de su voluntad.

Tras anunciar en el barrio que, en realidad, él es un conde pero sin cambiar un ápice en su forma de ser, se trasladan a Inglaterra para conocer a su abuelo. Allí la madre se encuentra cómo no tiene permitida la entrada al palacio en el que reside el conde y debe alojarse en una casa de campo aneja. Cuando Cedric conoce a su abuelo, se encuentra a alguien hosco, malhumorado y de costumbres extremadamente rígidas.

Un día que pasea con su pony por el campo conoce a una familia de sirvientes cuya madre se encuentra enferma. Cedric, ahora lord Fauntleroy, los invita a todos a comer al palacio, lo que no agrada al conde, si bien progresivamente se va sintiendo más conmovido por los comportamientos de su nieto hasta que se va despertando en él un sentimiento de amor hacia él. De repente, cuando nadie lo espera, una mujer, Minna (Rose Dione), hace acto de presencia indicando que ella estuvo casada con el hijo mayor del conde y que, por lo tanto, su hijo (Francis Marion) es el verdadero descendiente.

Comentarios:

Aunque la versión más conocida de la famosa novela de Frances Hodgson Burnett probablemente sea la que en 1936 protagonizó Freddie Bartholomew, no desmerece en nada esta versión de 1921 que llega incluso a ser superior en algunos aspectos. El éxito de la propuesta estaba garantizado de entrada si tenemos en cuenta lo conmovedora y tierna que resulta la historia original.

Aunque quizá lo más sencillo hubiera sido recurrir a una estrella infantil y en aquellos años estaba muy en boga Jackie Coogan —que, no obstante, hubiera sido demasiado joven para el papel—, la película se decantó por una solución no exenta de dificultades técnicas como fue el hecho de que Mary Pickford, posiblemente la mayor estrella femenina del cine mudo, interpretara simultáneamente los dos papeles de madre e hijo.

Si cuando Cedric es enfocado en primer plano es demasiado evidente que se trata de una chica —especialmente cuando observamos los tirabuzones tan típicos de Mary Pickford— y eso le resta no poca credibilidad, lo cierto es que el resto es un portento técnico en donde, "con ayuda de las cámaras" tal y como se expresa en los intertítulos, ambos personajes llegan a compartir planos e imágenes. Lo que más adelante sería algo habitual en muchos largometrajes no era algo que se hubiera realizado en tantas ocasiones con anterioridad a 1921, por lo que *El pequeño lord* puede considerarse una película pionera en este recurso.

El resto de escenas en las que Pickford interpreta a ambos personajes y estos aparecen por separado están también muy convenientemente cuidados y no se producen deslices, de manera que cuando aparece la madre en pantalla tiene la misma estatura que el resto de actores adultos, lo que no sucede cuando se trata del niño, que es notablemente inferior. Una escena en la que el abuelo se apoya en el nieto para caminar resulta memorable en este sentido por la diferencia de estaturas que se remarca entre ambos actores cuando, en la vida real, no era tan acusada.

Por lo demás, hay que señalar que Jack Pickford, el hermano menor de la actriz, prolífico actor envuelto en una vida de vicios que provocó su temprana muerta por sífilis a los 36 años, fue uno de los dos directores que tuvo el largometraje, experiencia que se limitó exclusivamente a 1921 con esta película y con *Por la puerta de servicio*, también con Alfred E. Green, no volviendo a dirigir nada nunca más.

Novela adaptada:

- BURNETT, Frances Hodgson, *El pequeño Lord*, Madrid, Gaviota, 1989.

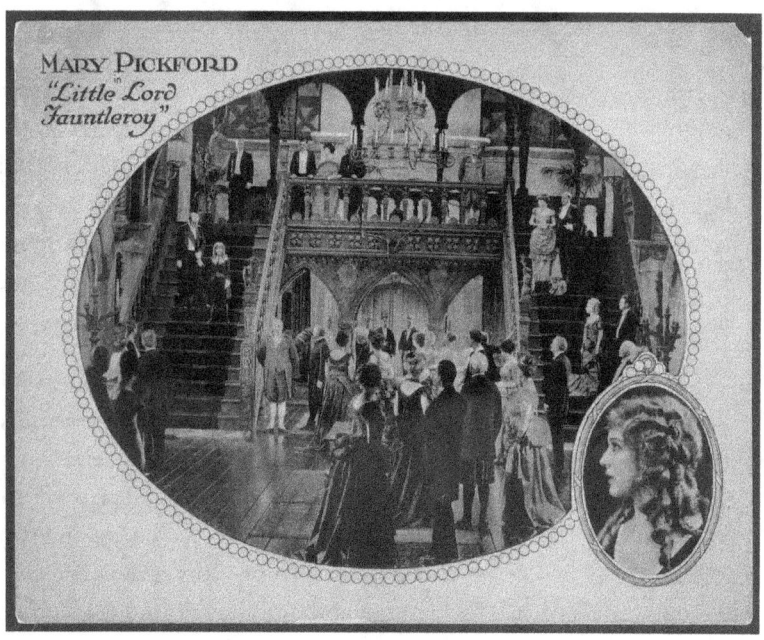

SEÑORITO PRIMAVERA, EL
The affairs of Anatol

Ficha técnica:

Dirección: Cecil B. DeMille.

Guión: Arthur Schnitzler y Jeanie Macpherson.

Reparto: Wallace Reid, Gloria Swanson, Wanda Hawley, Theodore Roberts, Elliott Dexter, Theodore Kosloff, Agnes Ayres, Monte Blue y Bebe Daniels.

Argumento:

Anatol Spencer (Wallace Reid) se encuentra casado con Vivian Spencer (Gloria Swanson), pero no se siente plenamente satisfecho con su situación, por lo que decide ayudar a chicas jóvenes por las que se siente atraído y que él opina que debe rescatar de sus particulares situaciones.

Primeramente, una noche que está en un cabaret se encuentra con Emilie Dixon (Wanda Hawley), una antigua compañera de clase, que, seducida por los lujos de la vida y en especial por las joyas, mantiene una relación con Gordon Bronson (Theodore Roberts), un hombre mucho mayor que ella. Anatol intenta alejarla de él instalándola con él y, pese a la oposición de su mujer, contratando a un maestro de música para que le enseñe a tocar el violín y para alejarla de su anterior vida. Sin embargo, siempre y cuando Anatol no la ve, ella aprovecha para volver a su forma de vida llena de fiestas y alcohol y, finalmente, acaba aceptando una propuesta matrimonial que Bronson le hace poniéndole una joya delante.

Tras este fracaso y el desmoronamiento de su matrimonio al haberse acercado Vivian a Max Runyon (Elliott Dexter), un amigo común de la pareja, ambos deciden mudarse al campo para ver si allí encuentran virtud y tranquilidad, pero de nuevo Anatol se deja embaucar por una granjera, Agnes Ayres (Annie Elliott), que, habiéndose gastado el dinero de su marido, intenta suicidarse y, cuando Anatol y Vivian la rescatan, ella aprovecha para robarle todo el dinero a él.

La tercera experiencia de Anatol la tiene con Satan Synne (Bebe

Daniels), una artista que lo seduce a fin de obtener tres mil dólares sin darle ninguna explicación, a lo que Anatol acaba cediendo cuando se entera de que su marido está siendo sometido a una operación a vida o muerte y que esa es la cantidad que ella debe pagar para sufragar los gastos.

Tras todas estas experiencias, Anatol decide centrarse en recuperar la relación con su mujer, que ha empezado a salir por las noches con Max ante el constante abandono que ella siente por parte de su marido.

Comentarios:

En un primer visionado rápido, quizá el mayor punto de interés que tiene esta película es que fuera dirigida por Cecil B. DeMille, el director que en las siguientes tres décadas firmaría grandes superproducciones recordadas por todos como *Los diez mandamientos* (1923 y 1956), *El rey de reyes* (1927) o *Las cruzadas* (1935). *El señorito Primavera*, horrible título en español, es pues una contribución de sus primeros tiempos en la que DeMille, pese a llevar ya unas cuantas películas sobre sus espaldas, queda un tanto deslucido y lejos del estilo por el que se le reconocería en breve.

Analizando la película desde una perspectiva actual, la carga de misoginia que tiene es bastante elevada, apareciendo retratadas las mujeres como aquellas que provocan la perdición de los hombres por sus vicios, por sus mentiras o por su atracción por el dinero o las joyas. Es algo que salta a la vista, pero un vistazo más detenido y sosegado permite matizar esa primera impresión y el espectador se da cuenta de que el film incorpora una visión bastante negativa de la condición humana.

Si Anatol puede verse en un primer momento como alguien honrado que se conmueve ante situaciones de miseria que atraviesan las mujeres que se cruzan en su camino, no debe olvidarse que lo hace sintiéndose atraído por ellas mientras se aleja de una esposa por la que el espectador siente una simpatía creciente. Vivian es pues la mujer que pone un serio contrapunto a todas las demás y va cosechando los afectos de quien ve esta película, mientras que la antipatía hacia Anatol se va abriendo paso progresivamente.

Las apariencias también engañan en *El señorito Primavera* y de ello se encarga el personaje que interpreta Bebe Daniels. Mientras que las otras chicas tenían una apariencia de mayor inocencia y acaban sucumbiendo a sus propios vicios, Satan es una mujer seductora de quien podría suponerse lo peor atendiendo a su profesión y a los prejuicios que ello genera, cuando, aunque también pretenda el dinero de Anatol, lo hace por una causa de enorme nobleza como es la de salvarle la vida a su enfermo marido, algo para lo que está a punto de tener que acostarse con un Anatol ya desbocado en su comportamiento.

En definitiva, la sensación de hastío que *El señorito Primavera* puede generar en un primer momento cuando se percibe la destructiva visión que se muestra de las mujeres y cuando se cree que el protagonista masculino es alguien que actúa movido por la virtud es algo que se va transformando poco a poco cuando, especialmente en un segundo visionado, son muchos más los detalles míseros que se ponen de relieve tanto en ellos como en ellas, convirtiéndose en un fiel reflejo de la decadencia de las personas.

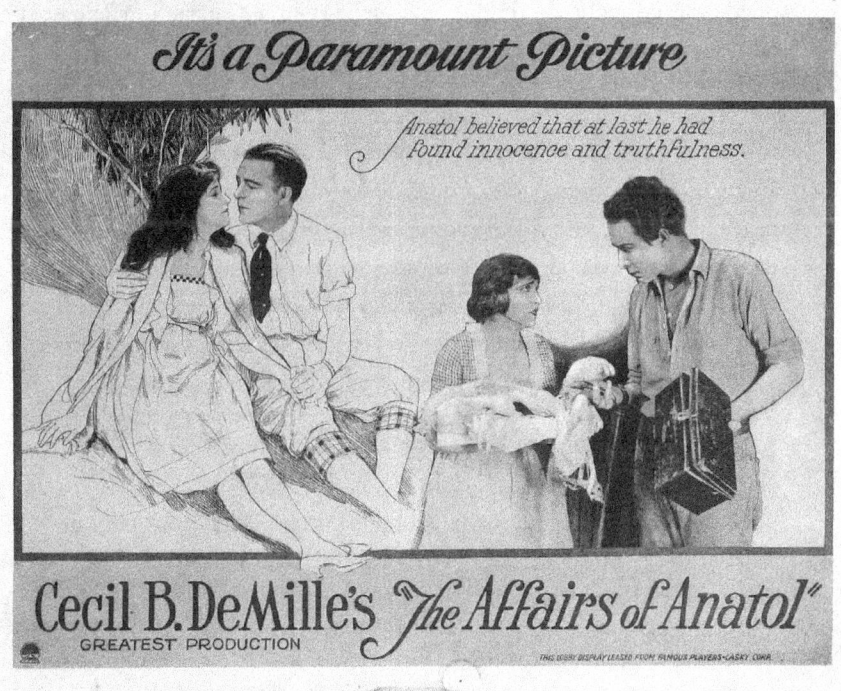

SEVEN YEARS BAD LUCK

Ficha técnica:

Dirección: Max Linder.

Guión: Max Linder.

Reparto: Max Linder, Alta Allen, Ralph McCullough, Betty K. Peterson, F. B. Crayne, Chance Ward, Hugh Saxon, Thelma Percy y C. E. Anderson.

Argumento:

Max (Max Linder) celebra su despedida de soltero, regresa a su casa y se echa a dormir con una notable borrachera. A la mañana siguiente, mientras sus criados coquetean, rompen sin querer un gran espejo. Consiguen crear una farsa para que Max no se dé cuenta de que el espejo está roto y, cuando consiguen reponerlo, es él mismo el que lo rompe, quedando convencido de que una racha de mala suerte le viene encima como consecuencia de ello.

Efectivamente, todo empieza a salirle mal y un malentendido con la mascota de su novia Betty (Alta Allen) provoca que esta rompa con él. Aunque Max está apenado por ello, cuando regresa a su casa, pone un disco de música y esto provoca que todo el mundo se ponga a bailar de forma descontrolada. En ese momento Betty llega para hacer las paces con Max y, cuando lo ve en esta actitud, confirma la ruptura. Esto es aprovechado por un amigo de Max (F. B. Crayne, en su único papel conocido en el cine) para proponerle matrimonio a Betty.

A fin de recuperarse de su ruptura, Max decide hacer un viaje en tren, viéndose envuelto en multitud de enredos y situaciones estrambóticas derivadas del hecho de que le roben la cartera y que, por ello, no tenga dinero para coger el tren. Colándose y escapando constantemente de los revisores, llega casualmente al juzgado en el que Betty va a contraer matrimonio.

Comentarios:

Fantástica película de un genio de la comedia injustamente olvidado como era Max Linder, alguien de quien el propio Charles Chaplin se consideraba un discípulo. Así como otras películas del género acaban cayendo en recursos un tanto recurrentes y gags que se repiten hasta la saciedad, los enredos a los que asistimos en esta película son francamente ingeniosos y divertidos. *Seven years bad luck* tiene todavía hoy en día un enorme poderío para hacer reír al espectador.

No cabe ninguna duda de que Max Linder es la estrella principal y eso se demuestra por el simple hecho de que el protagonista de la película no cambia su nombre y se llama Max. Escenas como la que tienen lugar frente al espejo cuando uno de sus sirvientes imita todos sus movimientos para que Max no se dé cuenta de que en realidad no existe, en una coreografía perfectamente ensayada, o como el momento en que él se disfraza de funcionario de correos son sencillamente insuperables y hacen pensar hasta qué punto podría haber llegado Max Linder si no hubiera decidido poner fin a su vida en 1925.

El resto del reparto está también a un muy buen nivel y le resultan un complemento perfecto para una película en la que no falta un famoso orangután conocido como Joe Martin, que trabajó en no pocos largometrajes y que en este año de 1921 apareció también en *The adventures of Tarzan*.

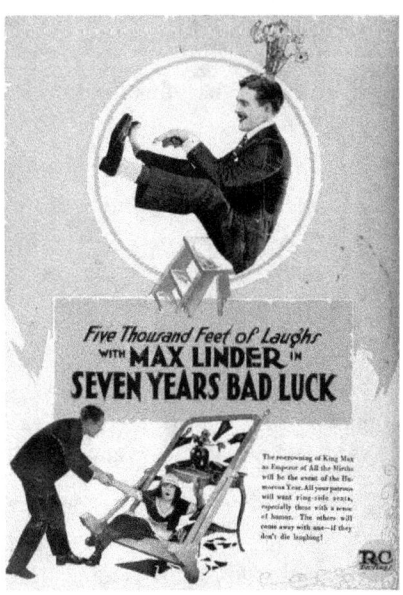

TOL'ABLE DAVID

Ficha técnica:

Dirección: Henry King.

Guión: Edmund Goulding y Henry King, basándose en Joseph Hergesheimer.

Reparto: Richard Barthelmess, Gladys Hulette, Walter P. Lewis, Ernest Torrence, Ralph Yearsley, Forrest Robinson, Laurence Eddinger, Edmund Gurney, Walter Richmond, Marion Abbott, Patterson Dial y Henry Hallam.

Argumento:

Los Kinemon son una familia instalada en un plácido valle como arrendatarios de John Gault (Laurence Eddinger). El más joven de la familia, David (Richard Barthelmess), es el típico al que, pese a haber crecido, todos le siguen viendo como si fuera un niño, en parte también por su inmadurez y por la extrema timidez que siente cuando está cerca de su vecina Esther Hatburn (Gladys Hulette).

Esther vive con su padre (Forrest Robinson) y un día llegan a sus dominios unos primos que se han fugado de la cárcel y que se refugian en las propiedades familiares, avasallándolos, apropiándose de todo y con un lascivo deseo por parte de uno de ellos, Luke Hatburn (Ernest Torrence), hacia Esther. Precisamente es Luke el que tiene un enfrentamiento con Allen Kinemon (Warner Richmond), el hermano mayor de David, que el fugitivo zanja lanzándole una piedra a la nuca y dejándole paralítico.

El patriarca de los Kinemon, Hunter (Edmund Gurney), se decide a vengar a su hijo mayor y toma un rifle cuando la tensión le provoca un infarto y muere delante de David. A partir de este momento y pese a que toda su vida lo han considerado un niño pequeño e incluso un cobarde, un sentimiento de odio va creciendo en un David que, pese a seguir enamorado de Esther, solo piensa en vengarse de aquellos que han traído la desgracia a su familia, situación que empeora cuando deben mudarse al considerar el propietario de los terrenos que deben marcharse al no contar ya la familia con alguien capaz de cuidar de sus rebaños.

Comentarios:

Una película que podría haber pasado bastante desapercibida si tenemos en cuenta que, de entrada, solo cuenta con un Richard Barthelmess en la cima de su fama gracias fundamentalmente a sus trabajos en sendas películas de David W. Griffith — *Lirios rotos* (1919) y *Las dos tormentas* (1920)—, se beneficia enormemente de un argumento sólido en el que el espectador se siente completamente implicado.

Nada es igual después de la brutal agresión de Luke Hatburn a Allen Kinemon. Si la presencia de los fugitivos en un lugar que no les corresponde es un recurso varias veces visto en el cine y, en ocasiones, puede llegar a simpatizarse con ellos en función de su situación, sus comportamientos dejan claro que esto no va a suceder en *Tol'able David*. El gran culpable de la sensación de hastío que producen es sin ninguna duda la magistral interpretación del gigantesco Ernest Torrence, gran actor del cine mudo que se convertiría en un gran especialista en papeles de villano, no lo suficientemente conocido y valorado en la actualidad y que murió prematuramente en 1933 con tan sólo 54 años.

Conscientemente o no, la película muestra diversos trastornos de la personalidad en diferentes personajes. Además de la brutalidad que observamos en Luke, su hermano pequeño Saul, interpretado por un Ralph Yearsley que se suicidaría en 1928, es, por irónico que pueda resultar, la viva imagen de la demencia y un plano en el que apunta con una pistola con la mirada perdida a David y a su hermano Luke resulta francamente escalofriante.

Por otro lado, el personaje que da sentido al título, el David al que siempre se le pide tolerancia, experimenta una constante soledad interior que le lleva a refugiarse en comportamientos extremadamente infantiles, como por ejemplo cuando sueña que conduce el carruaje que transporta el correo o cuando baila solo en la calle mientras Esther está en el interior de un edificio bailando con otra persona. La evolución del personaje está llena de gran interés para la trama cuando, a consecuencia de todas las desgracias que le suceden a su familia por el comportamiento vandálico de sus vecinos, se va convirtiendo en alguien completamente diferente a como era.

En definitiva, *Tol'able David* es una película que ofrece mucho más de lo que puede parecer en un principio como demuestra el completísimo análisis que de ella realizó Walter R. Coppedge en 1982, además de que permite conocer un poco más a un prolífico a la par que muy interesante director como fue Henry King.

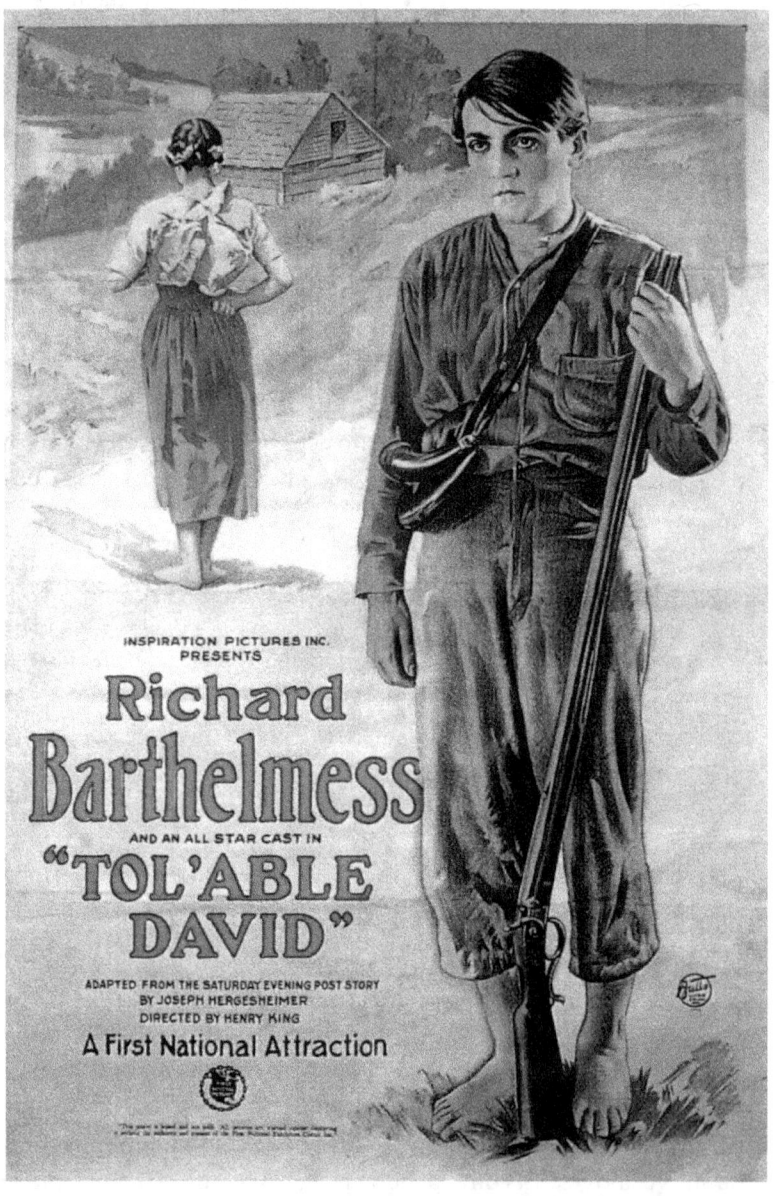

TRES LUCES, LAS

Der müde tod

Ficha técnica:

Dirección: Fritz Lang.

Guión: Fritz Lang y Thea von Harbou.

Reparto: Bernhard Goetzke, Lil Dagover, Walter Janssen, Hans Sternberg, Karl Rückert, Max Adalbert, Wilhelm Diegelmann, Erich Pabst, Georg John, Max Pfeiffer, Lydia Potechina y Rudolf Klein-Rogge.

Argumento:

Una pareja de enamorados se encuentra viajando hacia una aldea cuando se encuentran con un misterioso personaje que viste enteramente de negro (Bernhard Goetzke). Cuando llegan a una aldea, este personaje pide a las autoridades municipales que le arrienden un terreno contiguo al cementerio, en el cual erige un muro compacto, sin ninguna entrada, que no permite ver lo que hay al otro lado. Al mismo tiempo, el novio (Walter Janssen) desaparece y la novia (Lil Dagover), tras buscarlo y ver cómo varios espectros se le aparecen y atraviesan el muro levantado en el cementerio, comprende que ha muerto.

Rota por la tristeza, se presenta ante la muerte rogándole que la lleve junto a él. La muerte le ofrece entonces un trato: la trasladará a tres épocas distintas en las que tres vidas —simbolizadas por tres velas que se están consumiendo— están a punto de acabarse y, si consigue salvar a una de las tres, le devolverá a su pareja.

De este modo, la novia viaja a momentos indeterminados del mundo islámico, de Venecia o de la antigua China para salvar a los respectivos enamorados de varias chicas pretendidas por sus dirigentes —el califa, el dogo y el emperador—, lo que no consigue hacer.

Tras haber fracasado en su empeño, aun así la muerte le dará una nueva oportunidad. Aunque las tres luces se hayan extinguido y el amor no haya podido vencer a la muerte, le concede veinticuatro horas para que le ofrezca una vida que sustituya a la de su novio.

Comentarios:

Pese a haber demostrado también su buen oficio en *Las arañas*, esta película, también conocida como *La muerte cansada,* puede considerarse como la primera de la larga serie de obras maestras que caracterizaría la filmografía de Fritz Lang. Con una ambientación magistral, entronca directamente con cualquiera de nuestras preocupaciones y con una realidad omnipresente e inevitable como es una muerte que aparece aquí caracterizada de una forma muy similar a la que nos mostraría Max Von Sydow en *El séptimo sello* (1957).

La película es magistral desde el punto de vista visual, en especial por el fuerte simbolismo que transmiten algunas imágenes como los espectros de todas épocas y condiciones sociales que atraviesan la pared del cementerio mientras la novia que interpreta Lil Dagover o como la estancia llena de velas, de muy diferentes longitudes, que simbolizan la vida de cada uno de nosotros. La importancia de la luz como elemento que permite crear diferentes atmósferas es tan solo una de la gran cantidad de virtudes que Ángel Luis Hueso ha destacado en este largometraje.

Desde el punto de vista de la recreación de épocas anteriores, que apuntan a la época medieval —aunque ciertamente nada permite asegurar que no se trate de la Edad Moderna si nos atenemos a la arquitectura renacentista o a la indumentaria que se observa en el capítulo ambientado en Venecia—, los logros son muy eficaces y la ambientación extraordinaria si tenemos en cuenta que incluso los rótulos, aun cuando están escritos en alemán, se asemejan en su trazado a las peculiaridades caligráficas del árabe, de la escritura humanística y del chino.

Sin embargo, creo que la parte magistral de *Las tres luces* se encuentra en la parte final cuando, tras haber fracasado en su empeño, la novia tiene un plazo muy reducido de tiempo para encontrar a alguien que le ofrezca su vida, encontrándose con un amplio espectro de personas que pasan los días lamentándose de su situación o incluso deseando la muerte y que, cuando tienen ocasión de hacerlo, huyen despavoridos sin importarles ninguna otra cosa más que aferrarse a sus propias vidas.

En este sentido, Fritz Lang sabe reflejar a la perfección nuestra psicología, nuestros miedos y nuestras más profundas contradicciones, convirtiendo la película en una obra maestra del cine fantástico que, a su vez, conecta a la perfección con muchos de los elementos que constituyen nuestra vida real y nuestra forma de pensar.

TRES MOSQUETEROS, LOS
The three musketeers

Ficha técnica:

Dirección: Fred Niblo.

Guión: Douglas Fairbanks, Edward Knoblock y Lotta Woods, basándose en Alexandre Dumas.

Reparto: Douglas Fairbanks, Eugene Pallette, Sidney Franklin, Nigel De Brulier, Marguerite De La Motte, Barbara La Marr, Adolphe Menjou, Douglas Fairbanks Jr., Léon Bary, George Siegmann, Charles Stevens, Lon Poff, Mary MacLaren y Thomas Holding.

Argumento:

En la corte francesa de 1625 hay dos facciones enfrentadas: por un lado, la que encabezan el cardenal Richelieu (Nigel De Brulier) y el padre Joseph (Lon Poff) con el objetivo de dominar la voluntad del rey Luis XIII (Adolphe Menjou) y, por el otro, el que tiene a la reina Ana de Austria (Mary MacLaren) como su principal representante en abierta oposición a la influencia que el cardenal ejerce contra su marido, aun cuando tiene una relación muy ambivalente con este y aun cuando está secretamente enamorada del duque de Buckingham (Thomas Holding), quien siente lo mismo por ella. Esa doble facción se muestra igualmente en la existencia de un cuerpo de mosqueteros reales que se encuentran enfrentados con la guardia personal del cardenal.

Mientras todo esto sucede, en la localidad de Tarbes, un joven llamado D'Artagnan (Douglas Fairbanks) parte hacia París con la máxima ilusión de ser admitido como mosquetero. Durante el viaje va llamando la atención de la gente y metiéndose en mil problemas que le llevan a retarse en un duelo con tres mosqueteros reales llamados Athos (Leon Bary), Porthos (George Siegmann) y Aramis (Eugene Pallette). Cuando va a luchar con ellos, se presentan varios guardias del cardenal y entablan batalla, uniéndose D'Artagnan a los mosqueteros y sellando con ello su amistad. Presentado en la corte, el rey quiere conocer a los que han puesto en jaque a la guardia del cardenal y conoce a D'Artagnan.

Molesto el cardenal por todos estos acontecimientos, lleva a cabo una maniobra para intentar desacreditar a la reina, haciendo venir a su amante ante la corte mediante un engaño. El duque le pide a la reina algo que siempre le permita recordarla, por lo que ella le entrega una joya. Escondido el cardenal en la estancia, incita al rey a que organice un baile y que le pida a su esposa que lleve la joya que sabe que le ha regalado a su amante. El nuevo héroe de la corte, D'Artagnan, será el encargado de recuperar la sortija a fin de que la reina pueda llevarla la noche del baile, a la par que el cardenal envía a milady De Winter (Barbara La Marr) para que la robe y lo impida.

Comentarios:

Tras haber protagonizado en 1920 *La marca del zorro*, también bajo la dirección de Fred Niblo, Douglas Fairbanks se lanzó a producir y protagonizar en la década de los años veinte historias muy conocidas por el gran público, encarnando a todo tipo de personajes. La celebérrima novela de Alejandro Dumas, que Fairbanks respeta en lo esencial, constituía un recurso perfecto para elaborar una película por todo lo grande, en la misma línea que años más tarde lo serían *Robin Hood* (1922) o *El ladrón de Bagdad* (1924).

La película de Fairbanks, que en gran medida ha caído bastante en el olvido desplazada por otras versiones más recientes como las de 1948 o 1993, se desarrolla fundamentalmente en dos grandes ámbitos: por un lado, en una corte en donde las escenas pecan un tanto de exceso de teatralidad y de cierta carencia de ritmo; por el otro, en exteriores en los que se desarrollan sobresalientes luchas de espadas, huidas por empinados tejados o escenas campestres que van sirviendo para conocer a los personajes y para mostrarnos dos mundos muy diferentes. Ciertamente, las escenas cortesanas copan más de la mitad de la película y ello provoca que, en según qué momentos, cueste clasificar este film como de aventuras si tenemos en cuenta que, aunque siempre plagado de intriga, la acción se ve bastante ralentizada.

El reparto es inmejorable. Douglas Fairbanks acierta de lleno al no desempeñar él todo el protagonismo —lo que podría haber hecho sin mayores problemas si tenemos en cuenta que él interpreta a D'Artagnan—, circunstancia que permite al espectador disfrutar de la riqueza de matices que contienen personajes como un cardenal magistralmente interpretado por Nigel De Brulier —aunque lejos del encanto que le dieron posteriormente Vincent Price o Tim Curry—, una reina que se erige como la auténtica protagonista de la corte y que barre por completo a su marido o una más que sugerente milady De Winter a la que interpreta la bella y legendaria Barbara La Marr, quien encontraría la muerte tan solo cinco años después como producto de una vida llena de excesos.

Sin ser tampoco de las mejores películas de 1921, *Los tres mosqueteros* es una muy digna muestra de todos aquellos largometrajes que fueron las primeras versiones de muchas películas sonoras que, años más tarde, serían las que se grabaran en nuestro recuerdo, desplazando al cine silente al rincón del olvido, aun cuando la calidad de estas primeras versiones fuera más que notable, como sucede en este caso.

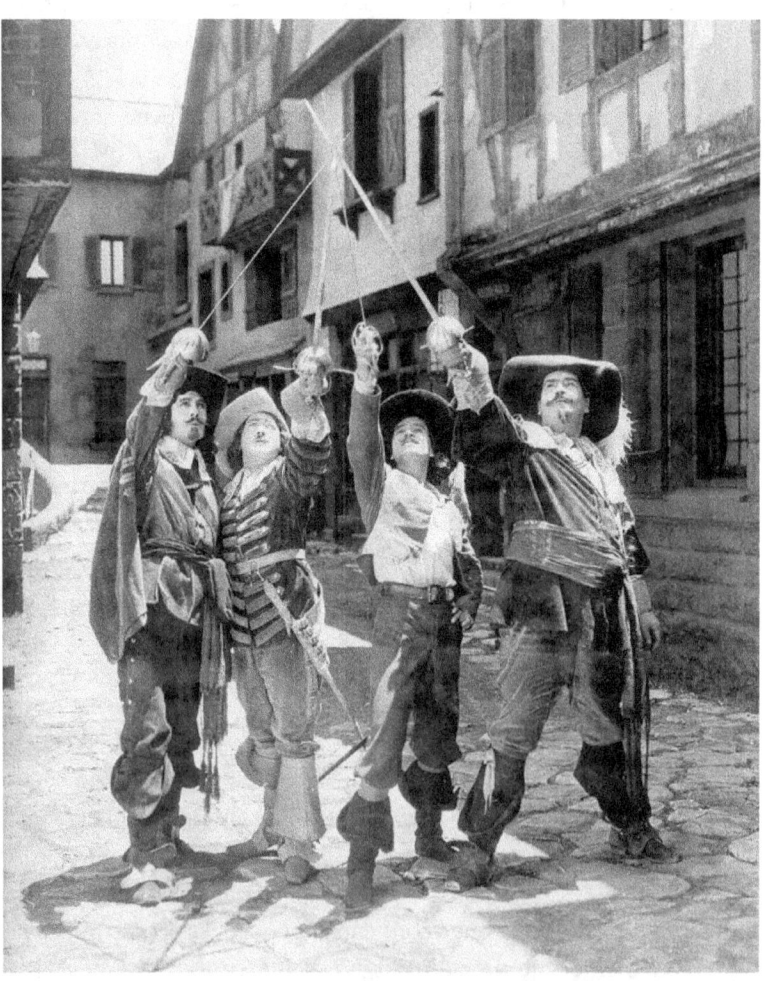

PROCEDENCIA DE LAS ILUSTRACIONES

Adventures of Tarzan:

https://upload.wikimedia.org/wikipedia/commons/2/2d/Adventures_of_Tarzan.jpg

Numa Film, Public domain, via Wikimedia Commons

As de corazones:

https://upload.wikimedia.org/wikipedia/commons/6/6d/Aceofhearts1921-newspaperad.jpg

The Bemidji Daily Pioneer, Public domain, via Wikimedia Commons

Atlántida, La:

https://upload.wikimedia.org/wikipedia/commons/8/89/Stacia_Napierkowska_in_L%27Atlantide.jpg

Jacques Feyder (1885–1948), Public domain, via Wikimedia Commons

Caíd, El:

https://www.flickr.com/photos/oboudi2001/32593119607/in/photostream/

Valentino, The Sheik (1921), Dominio público

Chico, El:

https://pixy.org/src/32/325637.jpg

Charles Chaplin y Jackie Coogan, Dominio público

Chiquilín no tiene enmienda:

https://commons.wikimedia.org/wiki/File:Peck%27s_Bad_Boy_(1921)_-_Jackie_Coogan.jpg

Irving M. Lesser / Associated First National Pictures, Public domain, via Wikimedia Commons

Cuatro jinetes del Apocalipsis, Los:

https://commons.wikimedia.org/wiki/File:Four_Horsemen_of_the_Apocalypse_Poster.jpg

Unknown; Distributed by Metro Pictures, Public domain, via Wikimedia Commons

Dream Street:

https://upload.wikimedia.org/wikipedia/commons/2/28/Dream_Street.JPG

Heritage Auction Galleries, Public domain, via Wikimedia Commons

Fruta prohibida, La:

https://upload.wikimedia.org/wikipedia/commons/c/c5/Forbidden_Fruit_%281921%29_-_1.jpg

Paramount Pictures, Public domain, via Wikimedia Commons

Gato montés, El:

https://upload.wikimedia.org/wikipedia/commons/a/a6/Flickr_-_%E2%80%A6trialsanderrors_-_Pola_Negri_by_Abb%C3%A9%2C_1921.jpg

James Abbe, CC BY 2.0 <https://creativecommons.org/licenses/by/2.0>, via Wikimedia Commons

Love light, The:

https://upload.wikimedia.org/wikipedia/commons/b/b2/The_Love_Light_%281921%29_-_Ad_1.jpg

United Artists, Public domain, via Wikimedia Commons

Pequeño Lord Fauntleroy, El:

https://picryl.com/media/little-lord-fauntleroy-1

Dominio público

El señorito Primavera:

https://upload.wikimedia.org/wikipedia/commons/1/13/The_Affairs_of_Anatol_1921_lobbycardposter.jpg

Paramount pictures, Public domain, via Wikimedia Commons

Seven years bad luck:

https://upload.wikimedia.org/wikipedia/commons/8/8f/Seven_Years_Bad_Luck_%281921%29_-_Ad_2.jpg

Max Linder Productions / Robertson-Cole Distributing Corporation, Public domain, via Wikimedia Commons

Tol'able David:

https://upload.wikimedia.org/wikipedia/commons/1/19/Tol%27able_David-Poster.JPG

Unknown author, Public domain, via Wikimedia Commons

Tres mosqueteros, Los:

https://upload.wikimedia.org/wikipedia/commons/e/e0/The_Three_Musketeers_%281921%29_2.jpg

Unknown (Douglas Fairbanks Prod. / United Artists), Public domain, via Wikimedia Commons

BIBLIOGRAFÍA CONSULTADA

- ALEGRE DE LA ROSA, Olga María, "La discapacidad en el cine: propuestas para la acción educativa", *Comunicar. Revista científica de Comunicación y Educación*, 18 (2002), pp. 130-136.

- ALLEPUZ GARCÍA, Pablo, "El asombroso lenguaje de la sombra en *La carreta fantasma* (Victor Sjöström, 1920). Análisis cultural, contextual y fílmico", *Fonseca. Journal of Communication*, 11 (2015), pp. 283-309.

- ARIAS ROMERO, Salvador Mateo, "El cine y la Alhambra", en CAMARERO LÓPEZ, Gloria y SÁNCHEZ BARBA, Francesc, *V Congreso Internacional de Historia y Cine. Escenarios del cine histórico*, Getafe, Universidad Carlos III de Madrid e Instituto de Cultura y Tecnología, 2017, pp. 803-815.

- BERMÚDEZ BRATAAS, Delilah, "The shadow's shadow or gendered ambition in Asta Nielsen's 1921 Hamlet", *Cahiers Élisabéthains: a journal of English Renaissance Studies*, 98 (2019), pp. 3-21.

- BERRIATÚA, Luciano, "Murnau y el lenguaje del cine mudo", en *El camino del cine europeo*, Pamplona, Gobierno de Navarra, 2004.

- BERTETTI, Paolo, "Personaggi seriali e mondi transmediali. I pulp, Tarzan e le origini del *Transmedia Storytelling*", *Mediascapes journal*, 6 (2016), pp. 155-167.

- BOULANGER, Pierre, *Le cinéma colonial: de "L'Atlantide" à "Lawrence d'Arabie"*, París, Seghers, 1975.

- BRIANTON, Kevin, "Hollywood's first auteur: Cecil B. DeMille and the battle for reputation", *Film & History: an interdisciplinary journal*, 50.2 (2020), pp. 20-36.

- BRITT, Thomas R. y TUNAGUR, Usame, "Imagined realities: Appalachia, Arabia, and Orientalism in *Songcatcher* and *The sheik*", en LEITER, Andrew B. (ed.), *Southern on Film. Essays on Hollywood portrayals since the 1970s*, Jefferson, McFarland & Company, 2011.

- BROWNLOW, Kevin, "Carol Dempster", *Griffithiana*, 40-42 (1991), pp. 91-96.

- COMPANY RAMÓN, Juan Miguel, "Vencedor y para vencer. Blasco Ibáñez y *Los cuatro jinetes del Apocalipsis*: de la novela al cine", *Monteagudo*, 19 (2014), pp. 39-48.

- COPPEDGE, Walter R., "*Tol'able David* and the American heritage", *The Virginia Quarterly Review*, 58.4 (1982), pp. 616-634.

- EISNER, Lotte H., *Murnau*, Berkeley y Los Ángeles, University of California Press, 1964.

- EVANS, Caroline y UHLIROVA, Marketa (eds.), *Marcel L'Herbier: Dossier*, (Fashion in Film, www.fashioninfilm.com), 2014, p. 16.

- HUESO MONTÓN, Ángel Luis, "El poliedro transparente o la riqueza de las imágenes cinematográficas", *Quintana*, 17 (2018), pp. 111-126.

- KEMP, Philip, *Cine. Toda la historia*, Barcelona, Blume, 2020.

- LE ROY, Eric, "L'Atlantide", *Journal of film preservation*, 68 (2004).

- LIE, Nadia, "From Latin to Latino lover: Hispanicity and female desire in popular culture", *Journal of Popular Romance Studies*, 4.1 (2014), pp. 1-18.

- MARIE, Michel, "Un lupanar oriental aux confins du désert. *L'Atlantide* dans la production cinématographique française des années 20", *1895, revue d'histoire du cinéma*, 1998, pp. 59-66.

- RODRÍGUEZ VELA, Antonio, *Breve historia del cine*, Nowtilus, Madrid, 2019.

- RUNDLE, Erika, "The hairy ape's humanist hell: theatricality and evolution in O'Neill's 'Comedy of Ancient and Modern life'", *The Eugene O'Neill Review*, 30 (2008), pp. 48-144.

- SÁNCHEZ MARTÍNEZ, Victoria, "*El Chico*, el primer largometraje de Chaplin", *Trama y fondo: revista de cultura*, 29 (2010), pp. 141-150.

- SHOHAT, Elle, "Gender in Hollywood's Orient", *Middle East Report*, 162 (1990), pp. 40-42.